kosmos

KOSMOS
HUNDE
BIBLIOTHEK

RAINER BRINKS

SCHLITTENHUNDE

HALTUNG UND SPORT

EXPERTENRAT FÜR DEN HUNDEHALTER

FRANCKH-KOSMOS

Mit 57 Farbfotos und 5 Schwarzweißabbildungen.

Farbfotos von Horst Bielfeld (2, S. 68, 77), Juniors Bildarchiv (7, Heitmann S. 21, Hütter S. 83, Köpfle Frontispiz, Kürtz S. 13, 17, 91 o, Pogreth S. 58), Jurij-Hundesport/Dr. Barbara Friedmann (1, S. 82), Eva-Maria Krämer (7, S. 20, 56, 59, 60 u, 62 o, 62 u, 69), Dr. Susanna Kull-Hächler (11), Ingeborg Polaschek (2, S. 39, 67), Reinhard-Tierfoto (11, S. 8, 19, 61, 65, 72, 76, 86, 87, 88 o, 91 u, 93), Ricopress/R. Pfirstinger (10, Vorsatz, S. 10, 42, 57, 60 o, 64, 88 u, 89 o, 89 u, 90) und Wolf Steiger (6, S. 9, 31, 33, 48, 55, 92).

Die Schwarzweißabbildungen auf Seite 70, 78 und 79 wurden mit freundlicher Genehmigung des Verfassers dem Buch „Unsere nordischen Hunderassen in Wort und Bild“ von Thomas Althaus entnommen (herausgegeben vom Schweizerischen Klub für nordische Hunde). Die Abbildung auf Seite 12 wurde Band 1 der „Enzyklopädie der Rassehunde“ von Dr. Hans Räber entnommen (Franckh-Kosmos Verlag 1993). Der Abdruck des Muster-Kaufvertrages erfolgt mit freundlicher Genehmigung des VDH.

Umschlaggestaltung von Norbert Deppe, Herrenberg-Oberjesingen, unter Verwendung von 5 Farbaufnahmen von Ricopress/R. Pfirstinger (Umschlagvorderseite und Rückseite oben rechts), Jurij-Hundesport/Dr. Barbara Friedmann (oben links), Eva-Maria Krämer (unten links) und Wolf Steiger.

Kynologische Beratung bei der Buchreihe „Kosmos-Hundebibliothek – Expertenrat für den Hundehalter“: Eva-Maria Krämer, Neunkirchen-Seelscheid.

Alle Angaben in diesem Buch sind sorgfältig geprüft und geben den neuesten Wissensstand bei der Veröffentlichung wieder. Da sich das Wissen aber laufend weiterentwickelt, muß jeder Anwender selbst prüfen, ob die Angaben nicht durch neuere Erkenntnisse überholt sind. Dazu muß er z. B. bei Behandlungsvorschlägen den Tierarzt konsultieren, Beipackzettel zu Medikamenten lesen, Gebrauchsanweisungen und Gesetze befolgen.

Für Zuchtzulassungskriterien, Ausstellungsrichtlinien, Rassestandards, Rennordnungen usw. sind die aktuellen Bestimmungen der Verbände maßgeblich.

Die Deutsche Bibliothek – CIP-Einheitsaufnahme

Brinks, Rainer:
Schlittenhunde : Haltung und Sport ; Expertenrat für den Hundehalter / Rainer Brinks. – Stuttgart : Franckh-Kosmos, 1996
(Kosmos-Hundebibliothek)
ISBN 3-440-07078-6

ISBN 3-440-07078-6
Lektorat: Angela Wolf
Herstellung: Lilo Pabel
Printed in Germany/Imprimé en Allemagne
Satz: Steffen Hahn GmbH, Kornwestheim
Druck und buchbinderische Verarbeitung: Westermann Druck Zwickau GmbH, Zwickau

INHALT

Schlittenhunde

»Wann geht's denn endlich los?«

KAPITEL

1

Leithundeartikel: Wer paßt zu wem?

»Von wegen Hundehütte: Wir wollen draußen bleiben!«

Natural born runners

Da haben Sie sich was Schönes angetan! Entweder beeindruckte Sie die ursprünglich aussehende Schönheit eines Schlittenhundes, oder Sie verfielen einem hübschen Holzfällertyp, wollten aber einen liebkosenden Schoßhund oder mannscharfen Polizisten. Liebäugelten Sie etwa nur mit dem ganz normalen Wahnsinn in Gestalt eines allradangetriebenen Vierbeiners?

Diese ersten provokativen Sätze sind gleichzeitig als Aussonderung und Warnung gemeint. Ich habe den schlichten Anspruch, die richtigen Menschen mit den richtigen Hunden zusammenzubringen und 15 Jahre andauerndes Unglück zu vermeiden. Kann es sein, daß Sie mir spätestens jetzt meine sarkastischen Bemerkungen über den falschen Schlittenhundhalter verzeihen? Die erfahrenen Musher (Schlittenhundführer) wissen, was und wen ich meine.

Vier Naturburschen aus dem hohen Norden suchen Familienanschluß.

Es gibt wohl nur wenige Rassehundefreunde, die einen Schlittenhund nicht als schön empfinden. Diese äußerliche Vorliebe hat verschiedene Väter und Mütter. Die einen betonen die direkte Abstammung und die Wesensähnlichkeit mit Urahn Wolf (»Seht ihn doch an!«), die anderen schwärmen von ihm seiner blauen Augen wegen.

Beides ist so falsch wie richtig. Es ist nicht abzustreiten, daß gerade der Alaskan Malamute einem Wolf am ehesten gleichsieht, und doch hat er mit dem Wolf heute so viel gemein wie ein indianischer Survival-Waldschrat mit einem Skilangläufer der norwegischen Nationalstaffel. Alle anderen Behauptungen sind Märchen, die sich schön erzählen lassen.

Gefährlich blauäugig ist freilich erst der Wunsch, seinen Schöner-Wohnen-Lifestyle auf den Hund kommen zu lassen. Ein derart mißverstandener Husky wird zu allem Leid oft auch noch abgeschoben.

Normal aufgezogene und gehaltene Schlittenhunde sind nie menschengefährlich. Sie dürfen ihren Zuchtbestimmungen und Aufgaben gemäß einen Menschen nicht mal anknurren. Die Schlittenhundmenschen freuen sich besonders darüber, daß ihre Hunde von Kindern ins Herz geschlossen werden, wenn diese erfahren, daß die Hunde keinen Menschen anmachen dürfen. Kinderferienprogramme zeugen von der gegenseitigen Zuneigung.

Reine Schlittenhunde sind als

Wach- und Schutzhunde nicht zu gebrauchen. Sie werden ergo auch nicht unter eine Gefahrenhunde-Verordnung fallen, es sei denn, ein verantwortungsloser und krimineller Halter biegt einen solchen Menschenfreund dazu um.

Wenn jedoch dieser Husky seinen Halter auf *seinen* Lebensstil umdreht, so haben beide etwas davon: Der Hund sieht mehr Natur und weniger Teppichboden, der Mensch entdeckt Natur und findet den schönsten Teppichboden im Wald.

Doch Vorsicht ist geboten: Er ist ein geborener Jäger. Schließlich war Jagen früher seine Aufgabe, neben dem Schlittenziehen. Und er ist – wie auch sein körperlicher Urahn Wolf – zwar kein Sprinter wie ein Terrier, aber ein Traber, eben ein ausdauernder Langläufer. Dazu steht in den Kapiteln Erziehung, Grundschule und Ausbildung mehr.

Wer jedoch als künftiger, bei Schlittenhundrennen infizierter Besitzer nur Silvestervorsätze predigt, aber weiterhin lediglich den Biergarten aufsucht, statt den Rollwagen oder Schlitten einzuspannen, wird zum wirklichen Tierquäler.

Ich habe mich selbst vor Jahren ins Geschirr genommen, indem ich auf einen Grönländer verzichtete. Das hielt mich nicht davon ab, Schlittenhunde aller Art zu mögen. Und es machte mich neutral, nicht zu einem »Hunderassisten«.

Sie dürfen sich also nicht für einen Samojeden, Grönländer, Malamute oder Husky entscheiden, wenn Sie nicht bereit sind, diesem natural born runner *sein* Leben zu bieten, nicht *Ihr* bisheriges. Wenn Sie sich trotz oder wegen aller Einschränkungen und Warnungen für ihn entschieden haben, wird der Typ ihr Leben verändern, und wie!

In dieser Einführung möchte ich nur andeuten, was ein Schlittenhund noch könnte, wenn man seine Leidenschaft speziell trainierte: Er könnte Rollstuhlfahrern einen neuen Sport bieten. Wir wissen inzwischen, daß es Leistungssportler unter den Rollstuhlfahrern gibt. Sie wissen vielleicht, daß Rollstuhlfahrer Aktivitäten benötigen und moralischen Auftrieb. Wenn sich zu diesen Bedürfnissen noch Sympathie zu Hunden gesellt, ist ein neues Betätigungsfeld für Schlittenhunde entstanden, wie es menschenfreundlicher nicht mehr sein kann.

In diesem Buch finden Sie neben kritischen Anmerkungen, Ratschlägen, fachlichen Beschreibungen und bezeichnenden Fotos auch eine Anleitung zum Glücklichsein.

Bernloch, Oktober 1995

Dr. Rainer Brinks

Kinder und Schlittenhunde – ein gutes Gespann.

KAPITEL

2

Beruferaten: Wer ist ein Schlittenhund?

Wenn Hunde zusammen heulen statt bellen, sind es meist Schlittenhunde.

Schlittenhund kann auch der sein, der einen Schlitten zieht. Das bißchen Ironie ist ernsthaft-fachlich-hintergründig: Da spielt die Ordnung der obersten Hunde-Menschen-Behörde, die Fédération Cynologique Internationale (FCI) eine amtlich-kontrollierende Rolle. Sie darf Hunde in anerkannte Rassen einstufen, die anderen Hunde sind »Underdogs«.

Hunde, die etliche Generationen so gleichmäßig gezüchtet wurden, daß sie einem Standard entsprechen, werden nach vielen Mühen und Kontrollen als FCI-Rasse in den Hundeolymp aufgenommen. Daß Mischlinge (und jede Rasse war zunächst mal eine Ausgeburt von Mischlingen) noch schneller Schlitten ziehen können, davon wollen manche Züchter reinrassiger Spezialisten nichts hören.

Schlittenhunde-Rassen

Der an Mitgliedern gemessen dominante Schlittenhundeverein, der Deutsche Club für Nordische Hunde (DCNH), rechnet nur die vier einzig anerkannten Rassen Siberian Husky, Alaskan Malamute, Grönlandhund und Samojede zu den reinen Schlittenhunden.

Dieser Club nimmt jedoch andere nordische Rassen in seine Obhut: Jagdspezialisten wie Karelischer Bärenhund, Elchhund, Lundehund, Finnenspitz (wo man doch in unseren Breiten dem Spitz Jagduntauglichkeit nachsagt!), Norbottenspitz und die russischen Laikas; die nordischen Hütehunde wie Islandhund, Buhund, Lapphund, Västgötaspets, Lapinkoira und Lapinporokoira; schließlich japanische Inu-Vertreter (Inu heißt Hund) mit Allzweck-Eigenschaften wie der mächtige Akita (Schlittenzug-, Jagd- und Schutzhundtauglich), oder die kleineren Hunde von Hokkaido und Shiba.

Schlittenhund-Mischlinge

Für den Deutschen Schlittenhunde Sport Verband (DSSV) zählen Schlittenhunde nicht nach Äußerlichkeiten, sondern ausschließlich nach Leistung. Wenn auch die Basis ihrer Schlitten-Rennhunde ganz eindeutig die des Siberian oder/und des Malamute ist: Das Aussehen ist egal. Nur die Ohren dürfen schlapp machen. Hauptsache, der Hund ist schnell. Das ist der einzig wichtige »Standard«. Diese Alaskan Huskies oder Indian Dogs kristallisierten sich auch auf europäischen Pisten als Formel 1 unter den Schlittenhunden heraus.

Ein ganz uriger Typ, der Chinook, ist in Vergessenheit geraten und nur der Vollständigkeit halber aufgeführt. Er arbeitete bei den nordamerikanischen Indianern und Inuit (die korrekte Bezeichnung für Eskimo). Der in alten Büchern auftauchende Eskimohund wird nur vom Kanadischen Hundeclub anerkannt, kommt bei uns sehr selten vor und ist ein etwas größerer Grönlandhund.

Dieses Buch konzentriert sich zwar auf die Spezialisten, also die vier FCI-Rassen, führt aber zum ersten Mal in einem Schlittenhundbuch auch die freie Formel 1 unter den Schlittenhunden an, die ein wenig abschätzig als Bastarde gelten. Es berücksichtigt auch einige nordische Hunde, die neben ihren anderen Jobs auch Schlitten ziehen können.
Noch eine Bemerkung über Schlittenhunde: Es heißt immer so treuherzig, der Hund würde jedem Menschen nachlaufen, er sei das einzige Tier, das dem Menschen über den ganzen Erdball gefolgt sei. Ich könnte bei manchem Halter darüber heulen – mit den Hunden.

Um eines klarzustellen: Die Schlittenhunde sind nicht uns Mitteleuropäern gefolgt. Wir haben sie zu uns geholt. Wir haben sie in unseren Problemkreis gelockt; mit unausgesprochenen Versprechungen, sie so zu halten wie in ihrer Heimat. Einem Eskimo oder Grönländer muß kein Schlittenhundebuch verkauft werden. Nicht der Schlittenhund ist das Problem! Wir schaffen es erst.

Wer hier bereits überlegt, ob er nicht doch einen anderen Hundetypus anschaffen soll, ist auch ein Freund des Schlittenhundes, denn er verzichtet schweren Herzens, zugunsten dieses Hundes.

KAPITEL 3 Herkunft: Abstammung und Charakter

So sahen sie früher aus: Lappländer- und Eskimohund.

Woher kommt der Hund, so wie wir ihn heute kennen?

Seit wann in grauer Vorzeit entwickelten sich aus den Miaciden, also den ersten echten Raubtieren, so etwas wie die Vorläufer unseres Canis familiaris, also unseres Haushundes?

Geschichte

Die Fleisch-und-anderes-Fressenden trennten sich vor etwa 40 Millionen Jahren von der Großgruppe der damaligen Raubtiere. Die Urkatzenartigen spalteten sich also von den Urhundeartigen ab. Letztere waren aber noch alles andere als Hunde, wie sie unseren heutigen Vorstellungen entsprechen.

Fünf Millionen Jahre später spalteten sich die Familien der Marderartigen und der Bärenartigen von dieser Gruppe ab. Die Amphyconiden (griechisch für »Sowohl-als-auch-Hunde«, gemeint sind Bärenhunde), gingen entwicklungsgeschichtlich zur gleichen Zeit ihrer Wege. Im Laufe der Millionen Jahre trennten sich immer mehr ursprünglich Gleichartige und Spezialisten.

Der älteste anerkannte Vorgänger aller heutigen Hundeartigen war der Hesperocyon (griechisch für »der westliche Hund«). Er lebte vor 40 Millionen Jahren in Nordamerika. Das war der Stammvater aller Wildhunde, Marderhunde, Füchse, Schakale, Hyänen, Wölfe, Kojoten und schließlich aller Haushunde.

Machen wir einen Sprung: Erste, »verwilderte Hunde« gab es vor unge-

Ein neues Bild, das an die Herkunft aus alter Zeit erinnert: Inuit (Eskimo) mit seinen Arbeitshunden.

fähr 10 000 Jahren, also seit der Altsteinzeit. Und einen weiteren geschichtlichen Satz zu den Hunden der nördlichen Erdkugel: Den ältesten Nordlandhund fand man am Old Crow River in Alaska. Experten schätzen das Alter des Fundes auf 12 000 Jahre.

Nicht alle Nordlandvölker hielten damals Rentiere, Hunde schon. Die Tschuktschen als älteste Siedler in Nordost-Eurasien, angrenzend an die Gebiete der Inuit (Eskimos), waren vermutlich zusammen mit den Nordindianern die ersten, die den Gebrauch von einheimischen Hunden als Zugtiere und Jagdhelfer einführten. Es waren in dieser arktischen Gegend überall dieselben Typen: Kräftige Hunde mittlerer Größe mit dichtem Fell und viel Unterwolle, kleinen, kurzen Stehohren und einem buschigen Schwanz, der oft aufgerollt getragen wurde – dem Klima angepaßte Hunde also.

Genau weiß es keiner, wann und von wem der moderne Schlittenhund »erfunden« wurde. Historisch gesichert ist nur die Tatsache, daß das Transportmittel Schlitten vor dem Wagen und der Hund vor dem Pferd da war.

Im Bohuslän, der westschwedischen Küstenlandschaft am Skagerak, also in der Nähe von Göteborg, zeugen Felszeichnungen aus der Bronzezeit von Szenen, in denen Hundeartige und Menschen bei der Jagd mit dem Schlitten zusammenarbeiteten. Die arktischen Jäger und Fischer erkannten also schon früh, daß Hunde schneller ziehen und länger arbeiten konnten als Rentiere.

Die romantische Vermutung KONRAD LORENZ', daß ein Mensch am Lagerfeuer einem besonders zutraulichen Wolf einen Fleischbrocken zuwarf und dieser das Geschenk annahm, ist umstritten. Wenn sie zutrifft, spielte sich das Ganze aber wahrscheinlich in vielen Gegenden der Erde ab, also nicht nur im hohen Norden.

Wahrscheinlicher ist die Annahme, daß diese wolfsähnlich aussehenden Nordlandhunde von den Völkern Nordsibiriens, Alaskas, Nordkanadas und Nordeuropas als wilde Hunde zum Haus- und Jagdgebrauch herangezogen wurden.

Wölfe waren schon damals sehr menschenscheu. Sie sind es heute noch. Die Versuche, Wölfe mit Hunden zu kreuzen und daraus eine Leistungssteigerung zu erzielen, ging fehl. Aus diesen Kreuzungen kamen scheuere Tiere hervor, wo der Züchter sich doch die Wolfsschärfe erhoffte.

Erwiesen ist, daß sich Berg-, Herdenschutz- und eben Nordlandhunde gegenüber Wölfen spinnefeind verhielten, seit die Geschichte von Hunden und Wölfen untersucht wurde. Wie sollten sie sich also ohne Mencheneinfluß paaren wollen? Erwiesen ist auch, daß Wolfsrüden nicht die Beißhemmung gegenüber Weibchen haben, die Hunderüden auszeichnet. Es wäre also märchenhaft, von einer direkten Wolfs-Verwandtschaft bei Schlittenhunden zu sprechen, nur weil sie aufgrund der klimatischen Verhältnisse äußerlich dem wilderen Verwandten gleichen.

Die Domestizierung (Haus- und Hoftauglichkeit) hatte einen sachlichen Grund: Der Mensch brauchte den Hund als Gehilfen zum Bewachen (kein Wolf bewacht Menschen), zum Hüten, Jagen, Ziehen. Begleithunde im heutigen Sinne konnten sich die Menschen damals nicht leisten. Die versüßlichten Varianten des Hundes dienten immerhin noch als Spielzeug am Hofe reicher Damen, von denen freilich keine in den Eisregionen lebte.

Schließlich folgte kein Haustier dem Menschen so unermüdlich um den Erdball wie der domestizierte Hund. Die Umgebung prägte ihre Bewohner.

Hundehütten gab es für die Urschlittenhunde damals ebenso wenig wie einen Sommerurlaub. Nach der Winterarbeit wurden sie entlassen, ohne Abfindung. Das hieß für die Hunde: solange überleben, bis sie wieder eingefangen wurden, um zu arbeiten.

Diese härteste Auslese war der Grundstock für die selbst heute noch unverwüstlichen Schlittenhunderassen. Damals spielte die Gleichmäßigkeit der Hunde eine untergeordnete Rolle. Die Rahmenbedingungen schufen Arbeit und Klima.

Aus dem Nordlandtypus suchten sich die Jäger und Händler die tüchtigsten Varianten heraus, sie züchteten fortan nur noch diese. Daraus entstanden vor vergleichsweise wenigen Jahren die einzigen vier anerkannten Schlittenhunderassen (Siberian Husky, Alaskan Malamute, Samojede und Grönlandhund).

Popularität erlangten diese harten Hunde erstmals durch ein menschliches Wettrennen: Wegen seiner Schlittenhunde gewann der Norweger ROALD AMUNDSEN 1911 den Wettlauf an den Südpol mit vier Wochen Vorsprung vor dem Engländer ROBERT FALCON SCOTT .

Damals wie heute stehen Schlittenhunde hoch auf den Läufen (ein Niederlaufhund wie ein Dackel wäre nur als Rennrodler zu gebrauchen); waren so „konstruiert“, daß sie lange Strecken traben konnten, und mit einem Mantel ausgerüstet, der sie Schneestürme überleben ließ. Die buschige Rute war als „Abdeckplane“ serienmäßig eingebaut und formte sich praktisch schon im Normalzustand als Spirale, die dann bei Stürmen über den Körper gezogen wurde.

Die Spezialisten mußten so stark gebaut sein, daß sie schwere Lasten ziehen konnten, andererseits nicht so massig, daß sie mehr an sich zu schleppen hatten, als an der Last hinter ihnen. Und weil es damals kein Sportspezialfutter gab, mußten sie bei aller tierischen Arbeit auch noch genügsam sein. Es gab, was abfiel.

Für die Jäger und Fischer waren die Hunde Arbeitssklaven. Taugte einer nichts, wurde er verkauft (dies hat sich bis heute erhalten, wenn auch aus »rein sportlichen« Gründen). Ein guter Urschlittenhund stieg jedoch schon damals schnell im Preis.

FERDINAND PETROWITSCH BARON VON WRANGELL, baltischer Flottenadmiral in russischen Diensten, der nach einer Weltmeerreise im Jahre 1820 mit der M. S. Golownin die Eismeerküsten bereiste, schrieb in sein Logbuch über die Hunde des hohen Nordens:

»Sie bringen ihr ganzes Leben im Freien zu. Im Sommer graben sie sich Gruben in die Erde, oder liegen, um sich der Mücken zu erwehren, den ganzen Tag im Wasser. Gegen die grimmige Winterkälte suchen sie Schutz unter dem Schnee, wo sie sich eingraben und in tiefen Löchern zusammengekrümmt liegen, die Schnauze mit der buschigen Rute bedeckt. Jeder Familienwirt hält, außer seinen zum Fahren bestimmten Hunden, noch einen solchen nebst ein paar Hündinnen zur Nachzucht. Von ihren Jungen werden meistenteils nur die männlichen erzogen, die weiblichen aber fast alle ersäuft.« Kein Kommentar.

Aber ohne diese harten Hunde war ein Leben in der ewigen Eisregion nicht möglich. Das Leben dieser Hunde endete meist mit vier Jahren. In diesem Alter gab das Fell die wärmsten Kleidungsstücke her. Wurden diese Hunde – wie 1822 am Kolyma – von einer Seuche dahingerafft, überfiel die Menschen anschließend eine Hungersnot. Ein Inuit-Sprichwort sagt trotz der heute unliebsam erscheinenden Haltung viel über die Beziehung zu diesen Hunden aus: »Der treueste Freund eines Mannes ist sein Hund. Er ist noch besser als sein Weib.«

Verhätschelt wurden sie wirklich nicht, aber auch nicht falsch gehalten. Ein Polarforscher meinte es gut mit ihnen, doch es war tödlich. Er glaubte, die Hunde bei einem Schneesturm ins warme Zelt holen zu müssen. Der Schnee auf dem Fell schmolz auf die Haut hinunter, und als sie nach dem Ende des Sturms wieder ins Freie mußten, gefror die Nässe sofort auf der Haut. Die Hunde verendeten kläglich. So viel zum Thema »gut gemeint«. Der beispielhafte Fehler gilt heute noch, besonders für gutmeinende Tierfreunde, die ihr Witterungsempfinden auf den Schlittenhund übertragen.

Nach Schlittenhundrennen stand den Inuit nicht der Sinn. Sie hatten mit der Versorgung ihrer Sippe genug zu tun, als daß sie sich dem puren Vergnügen, später Sport genannt, hingeben konnten. Ich schließe nicht aus, daß die Heimfahrt nach der Robbenjagd schon mal in eine kleine Wettfahrt ausgeartet ist, wer wohl das schnellste Hundegespann hat. Irgendwie muß der Schlittenhundsport ja angefangen haben. Seine Geschichte ist so interessant, daß sie auf einem anderen Buchblatt steht (Seite 69).

Holzfällertypen

Gemeinsam ist diesen Rassen, daß ihre Anerkennung durch die Oberste Hundebehörde nicht alt ist. Gleichwohl existieren ihre direkten Vorfahren nachweislich schon seit etwa zehntausend Jahren.

Typische Schlittenhunde vereinen wichtige Merkmale, körperlich und charakterlich: Sie sind ungefähr gleich groß (zwischen einer 53 Zentimeter hohen Husky-Hündin und einem 65 Zentimeter großen Malamute-Rüden), ihre Neigungen und wesentlichen Charakterzüge sind dieselben. Dabei können sich zwei Rassen so ähneln, daß selbst Fachleute sie verwechseln, wenn ein sehr starker Husky-Rüde auf einen schlankeren Malamute trifft. (Nur der Kopf eines Huskies ist feiner modelliert.)

Ihr Körperbau entspricht dem Einsatzzweck: muskulös bei großer Behendigkeit, hochläufig, kompakter Rumpf, wenig gewinkelte Hinterläufe, Katzenpfoten (also relativ geschlossen), kurze Stehohren, buschige Rute, die meist ringelförmig getragen wird.

Sie haben ein aufgabengerecht zweckmäßiges Fell. Auf das Vorurteil, in Alaska sei es doch viel kälter als in unseren Breitengraden, deshalb sei es ihm hier zu warm, pfeift ein Schlittenhund. In Alaska und Sibirien sind die Temperaturunterschiede wesentlich größer als bei uns. Seine dichte Unterwolle ist ein hervorragender Isolator. Und wenn er draußen gehalten wird, gleicht sich dieser Mantel den Temperaturen automatisch an. Das heißt nun nicht, daß er scharf ist auf wüste Hitze.

Schlittenhunde sind keine Wach- und schon gar keine Schutzhunde, aber sie sind sehr neugierig und jagdfreudig. Sie schlagen nicht an, höchstens bei Begrüßung, und das ist dann ein Jaulen. Das Bellen kommt in der Tat selten vor, weil meist mehrere Schlittenhunde zusammen gehalten werden. Und die verständigen sich durch andere Lautmalereien, wie zum Beispiel Heulen in vielen Idiomen. Kläffen ist unter diesen geselligen Hunden out, es sei denn, der Hund ist stark unterbeschäftigt, und das ist ohnehin einer der größten Sündenfälle, dessen sich ein Hundehalter schuldig machen kann.

Schlittenhunde sind allesamt keine Schoßtiere, keine, die gern auf dem Tigerfell vor dem satinbezogenen Himmelbett Frauchen oder Herrchen um ein Stück Praline bitten. Der Mensch kann sie in der Wohnung halten, wenn sie nur ungefähr einer riesigen Blockhütte mit freien Zugängen, Blick zum Waldweg und einer besseren Armierung als beim Schürmannbau in Bonn entspricht. Schlittenhunde sind Buddler, wobei ihnen nicht der Sinn nach Jack Londons Gold steht, sondern nach Freiheit. (Mehr dazu in Kapitel »Haltung«, S. 21.)

Bei der Verteidigung ihrer Haut und ihrer Freiheit gehen sie außer-

»Breitensport«: Wegen der Gletscherspalten spannen Grönländer ihre Hunde im Fächer an.

ordentlich temperamentvoll und entschieden vor. Ein Schlittenhund fordert Beschäftigung und Einfühlungsvermögen.

Sollten Sie immer noch begeistert sein von Schlittenhunden: Geben Sie vor dem Kauf eines tierischen »Holzfällers« Ihre Edelklamotten sofort in die Altkleider-Sammlung. Sie werden sie ein Hundeleben lang nicht mehr brauchen. Der Schlittenhund ist ein solcher Menschenfreund, daß er jeden Zweibeiner als seinesgleichen ansieht, vorzugsweise dann, wenn es draußen widerlich und dreckig ist und er die Spuren auf Menschen hinterlassen kann. So, als ob er stolz bedeuten wollte: »Hey! Der/die gehört zu mir!«

Wenn Sie ihm, wie bei anderen Hunden, das Ziehen an der Leine abgewöhnen wollen: Pech gehabt! Sie kauften sich den falschen Hund. Ein Schlittenhund, wenn er in seinem Job arbeiten darf, ist scharf auf das Ziehen.

Was tun Schlittenhundfreunde, die nicht oder nicht mehr Schlittensport treiben wollen, mit einem solchen Hund? Ich möchte nicht verhehlen, daß das Herumreichen auch von selbständigen Schlittenhunden keinem Tier förderlich ist. Einem ausgebildeten Zugtier das Bei-Fuß-Gehen wie einem Diensthund beizubringen, ist nicht möglich. Zuerst soll er ziehen wie der Teufel und dann auf einmal nie mehr.

Wenn Sie aber, trotz aller Bedenken, keinen artgerechten Sport mit einem Schlittenhund treiben wollen oder nicht mehr können, dann müssen Sie ihm eine Ersatzbeschäftigung bieten. So z. B. Radfahren (mit Abstandshalterung für den Hund, siehe auch Kapitel »Ausrüstung« beim Sport, Seite 75) oder Waldläufe mit langer Leine.

Wenn Sie nichts tun wollen als nur um die Ecke Gassigehen, ist das der falsche Hund für Sie; dieser Schlittenhund wird verkümmern.

An den Rennstrecken hört man immer noch die Frage: »Beißt der?« Nein, er darf nach den Rassenormen keinen Menschen beißen, nicht mal anknurren. Nur bei dieser Hundegruppe ist dies ein Versprechen, obwohl das ein hohles Wort ist. Selbst der beste Züchter kann keine Garantie dafür übernehmen, wenn der Hund später menschenfeindlich geprägt wurde, psychisch oder physisch krank geworden ist.

Sie wollten eigentlich doch lieber einen Hund, der Einbrecher oder nur den Briefträger verbellt? Der Ihre Klunker schützt und Ihre hübsche Frau? Mag ja sein, daß sich ein Böser vertut und Ihren Malamute oder Husky für einen Wolf hält. Pssst! Nicht weitersagen: Er darf ja nach seinem Zuchtgesetz keinen Menschen anknurren. Seine Entdecker, die Eskimos, die Inuit heißen, schickten einen menschenunfreundlichen Schlittenhund in die Eiswüste.

Können Sie auf ein Hündchen verzichten, das auf Kommando einen Salto vor versammeltem Kaffeekränzchen schlägt oder millimetergenau links an der Hosennaht läuft? Verzeihen Sie es, wenn er Ihr frisch angelegtes Gemüsebeet innerhalb einer Viertelstunde umgräbt wie ein landwirtschaftlicher Akkordarbeiter?

Das ist Freiheit, wie sie ein Schlittenhund versteht. Das soll nicht heißen, daß Sie ihm das durchgehen lassen, bloß weil er dies als seine Freiheit versteht. Auch ein Schlittenhund kann folgen, wenn ihm etwas verboten wird. Ausreden bleiben Ausreden: »Der kann das nicht, weil er ein Schlittenhund ist!« Was ein Schlittenhund kann, erhellt die Geschichte von Jed gleich im Anschluß an dieses Kapitel.

Freilich schätzen wir es, wenn ihn die feinen Manieren eines schleifchenbewehrten Citydogs nicht jucken!

Dann gewinnen Sie einen sportlichen Hund als Trainingspartner. Das übliche langweilige Fünf-Minuten-Gassigehen zum nächsten Zigarettenautomaten hat ein jähes Ende. Und wenn Sie nicht schon vor Ihrer Hundezeit langlaufen lernten: Er macht Ihnen schon Beine.

Verstehen Sie jetzt, was ein ansonsten liebenswerter Schlittenhundrüpel mit angenehmen Lebens- und Begleitumständen meint? Dann lesen Sie seinetwegen vergnügt weiter.

Kein geringerer als ein tierischer Filmstar widerlegt die faulen menschlichen Ausreden. Er beweist eindeutig, daß es mindestens ein bequemes Vorurteil ist, wenn mensch behauptet, Schlittenhunde seien nur zum Schlittenziehen geeignet und sonst zu gar nichts. Sie hätten das Recht, frei herumzulaufen, als ursprünglich zu gelten und müßten nicht verkehrsgerecht und sozialfähig erzogen werden.

Multitalent Jed

Die jüngste Verfilmung von JACK LONDONS berühmtem Hund »White Fang«, bei uns als »Wolfsblut« bekannt, zeigt einen herrlichen Malamute-Rüden ohne Ringelrute, und

Alaskan Malamute Jed wartet auf den Maskenbildner, der ihn zum Filmstar umschminkt

von Walt-Disney-Productions wie gewohnt vortrefflich gecastet (ausgesucht). Wolfsblut heißt im bürgerlichen Leben Jed und wurde von seinem Besitzer CLINT ROWE trainiert. Er bildete Jed zu einem Actionhelden aus, der alle geforderten Kampf- und Schmuseszenen professionell darstellte.

Wer weiß, was Tiertrainer mit ihren Schülern nur mit großer Begeisterung und Geduld anstellen können, ist gerade von diesem herrlichen Beispiel angetan. Es ist so recht geschaffen, das Vorurteil vom überspezialisierten Schlittenhund zurechtzurücken, dem seine Besitzer oft nicht mehr zutrauen, als nur Schlitten zu ziehen. Jed mußte für jeden Dreh zu jeder angeordneten Zeit auf Kommando seines Trainers sitzen, stehen, abliegen, wild tun, auf böse machen, schmusen, hier und dorthin laufen, fressen. Wenn auch nicht jeder Schlittenhund ein Jed ist: Talent ist eine spezifische, vererbbare Angelegenheit; Training und Beschäftigung eine andere, erlernbare.

Ich verbeiße mich noch einmal in die Behauptung, wonach es eine Ausrede ist, daß Schlittenhunde nicht zu gesellschafts- und verkehrsfähigen Hunden herangezogen werden können. Das gleiche gilt übrigens auch für Windhunde. Natürlich wird aus diesen Arbeitstypen kein Schutzhund, und das ist gut so. Aber daß sie nicht die einfachsten Grundregeln der Ausbildung (das Herkommen zum Beispiel) lernen sollen, ist zu bequem, um wahr zu sein. Beim Rennen müssen sie ja auch gehorchen.

Schlittenhunde sind sogar sehr neugierig, und das bedeutet: Sie sind lernwillig. Sein Halter darf nur nicht erwarten, daß er jedes vermenschlichende Kunststück nachzumachen bereit ist oder köstliche Dressurarbeiten wie ein Pudel. Der Schlittenhund ist da kein Einzelfall: Das macht auch kein Herdenschutzhund; er gilt ebenfalls als eigenwillig.

Es kommt wie immer darauf an, was der Mensch vom Hund will und wozu er kraft seiner Veranlagung geeignet ist oder nicht. Seine Eigenschaften soll sein Halter fördern. Was kann der Hund dafür, daß der Mensch etwas anderes aus ihm machen will, wozu er nicht geeignet ist? Schließlich gibt es über 350 registrierte Rassen. Diese Vielfalt wird wohl genügen, um den richtigen Hund auszuwählen.

Aus einem Schlittenhund wird also nie ein saltoschlagender Pudel oder mannscharfer Deutscher Schäferhund.

Aber auch ein Schlittenhund muß – zu seinem eigenen Schutz – sozialverträglich ausgebildet werden. Er muß herkommen, er kann auf Kommando sitzen- und liegenbleiben wie andere Hunde auch.

Jed ist nur ein Beispiel. Er ist nicht der einzige Schlittenhund, der mehr kann als ziehen.

Mein Junghund schaute sich jedenfalls die schauspielerische Leistung von Jed begeistert an, hätte bei einigen Szenen zu gerne mitgemischt, lugte hinter den Fernseher, wo der Kerl steckt, und schleckte ihn gar bei der rührseligen Schlußszene ab. Die Mattscheibe war anschließend sauber.

Da sind Schlittenhund und Mensch in ihrem Element!

KAPITEL

4

Service: Kauf, Haltung und Pflege

Wie es Euch gefällt – naturverbundene Großfamilie, natürlich mit entsprechenden Hunden.

Voraussetzungen

Über die Verhaltensregeln, die zum wesentlichen Teil der Schlittenhund aufstellt, lasen Sie bereits. Nun ahnen Sie, was Ihnen blüht, wenn ein Schlittenhund ins Haus schneit.

Ich beichte Ihnen an dieser Stelle etwas, das Ihnen spätestens beim ersten Besuch eines Züchters bekannt vorkommen wird, oder noch während des ersten Besuchs eines Schlittenhundrennens. Sie hätten dieses Buch nicht gekauft, wenn Sie keine Neigung zu diesen herrlichen Hunden empfänden. Eine ungefähre Vorstellung hatten Sie also schon. Aber was mit Ihnen beim Anblick eines acht oder zwölf Wochen alten Welpen geschieht, ist jenseits von sachlichen Argumenten. Sie sind hingerissen!

Und das ist das Problem. Wie oft warnten Hundefachleute vor einem Spontankauf? Vergebens. Vielleicht hilft dieser Vergleich: Wenn Sie eine neue Wohnzimmer-Einrichtung kaufen, klappern Sie alle Fachgeschäfte ab, die Sie mit Ihrem Auto an einem Vormittag erreichen können. Sie lassen sich alles von allen Verkäufern zeigen, sitzen und liegen Probe, rechnen, vergleichen, rechnen, vergleichen, schlafen darüber, besuchen andere Geschäfte, fragen Freunde und andere Menschen, von denen Sie Rat erbitten. Erst dann kaufen Sie. So gehen Sie doch auch bei einem Autokauf vor, oder?

Und ein Lebewesen, das unter Umständen länger »hält« als ein Gegenstand, da schlagen Sie voller Entzücken blindlings zu. Sofort. Ihr Herz zerspringt sonst. Die Ausreden kenne ich.

Tierliebe ist ein schöner Zug. Aber nicht, wenn mensch spontan den falschen Hund zur falschen Bedingung und Situation kauft. Halten Sie es im Zweifelsfall mit HORST STERN, der in seiner hervorragenden TV-Serie »Sterns Stunde« sagte: Man ist oft mehr Tierfreund, wenn man auf eines verzichtet.

Wenn Sie – wie beim Autokauf – mehrere Bücher, Enzyklopädien gelesen, fachkundige Hundeleute, mehrere Züchter besucht haben und sich dann immer noch für diesen oder jenen Schlittenhundtyp entschieden haben, Ihr Leben danach einrichten: Dann sind Sie reif, um auf den Schlittenhund zu kommen.

Ihre Beziehung dauert im Höchstfall rund 15 Jahre. Mehr jedenfalls als der Durchschnitt aller Ehen. Der Vergleich mag sehr vermenschlicht klingen, aber von einem Ehepartner kann man sich scheiden lassen, der Hund ist von uns abhängig gemacht worden und wird bestenfalls abgeschoben.

Verstehen Sie jetzt meine moralischen Bedenken? Das Denken und Abwägen vor dem Kauf macht Sie erst zum Tierfreund. Ein ganz besonderer ist in meinen Augen derjenige, der wehmütigen Herzens auf ein Tier verzichtet. Selbst wenn der süße, knuddelige, Schnürsenkel-aufziehende Welpe noch so gefiel.

Zum Planen gehört auch die Vorbereitung seines Lagerplatzes. Sie und Ihr kleiner Hund werden die ersten Tage einen Konflikt austragen: Wer bestimmt, wo er schlafen darf? Wer bestimmt, wo er sich tagsüber aufhalten soll?

In der freien Natur bestimmt er als freier Hund. In Ihrem Domizil müssen Sie einen Konsens finden. Natürlich würde er am liebsten dort liegen und schlafen, wo Sie es auch tun. Er überträgt seine Verhältnisse und Gewohnheiten auf Sie als neuer Rudelführer. Aber Bett, Sessel und Sofa sind *Ihre* Lagerplätze. Bei seinem Hundevater durfte er dessen Aussichtshügel, wenn er denn einen hatte, nie einnehmen, obwohl er es ständig versuchte.

Er wird sich bei Ihnen zu Hause ebenfalls bemühen, Ihre Plätze einzunehmen. Sind Sie gleich zu Anfang konsequent im Nein-Sagen, wird er sich bald (mit den üblichen Wiederholungsversuchen) damit abfinden. (Siehe auch »Autofahren«, Seite 34.)

Fragebogen

Testen Sie sich selbst. Die Fragen helfen Ihnen bei der Beurteilung des Hundewunsches, des Verhältnisses zwischen Hund und Mensch(en) und umgekehrt, der Wunschvorstellungen, der Kenntnisse, der Probleme. Die zutreffenden Antworten sind anzukreuzen. Spezieller Fragebogen für Kinder im Anschluß.

1. Wird das ihr erster Hund sein?
1.1 Ja ○
1.2 Nein ○

2. Wer wird den Hund auswählen?
2.1 Ich allein ○
2.2 Mein Lebenspartner und ich zusammen ○
2.3 Mein Lebenspartner ○
2.4 Mein(e)/unser(e) Kind(er) ○
2.5 Zusammen mit Verwandten/Freunden ○
2.6 Ich/wir und ein Hundefachmann ○

Wenn Sie alleinstehend sind, sollten Sie einen erfahrenen, rasseneutralen Hundekenner mitnehmen. Wenn Sie in einer Familie oder sonstigen Gemeinschaft leben, sollten sich alle in der Entscheidung einig sein. Sie müssen sich im klaren darüber sein, wer die meiste Zeit für den Hund aufbringt, wer ihn prägt. Und wer in der Rangordnung für ihn der Chef ist.

3. Haben Sie früher schon mal einen Hund ausgebildet?
3.1 Ja ○
3.2 Nein ○

Wenn Sie früher einen Schutzhund ausgebildet haben, bedenken Sie, daß Sie sich mit einem Schlittenhund einen völlig anderen Charakter halten.

4. Wie kommen Sie an Ihren Hund?
4.1 Ich/wir kenne(n) den Züchter bereits ○
4.2 Ich/wir suche(n) uns selbst gewissenhaft oder mit Hundekenner einen Züchter aus ○
4.3 Ich/wir informiere(n) mich (uns) in Zeitungen/Fachmagazinen/Büchern ○
4.4 Gehe(n) gezielt in ein Tierheim, berate(n) mich (uns) dort mit den Pflegern über den Hund und erlöse(n) ihn von seinem Schicksal ○
4.5 Fahre(n) aufs Geratewohl zu einem Züchter, der meine (unsere) Wunschrasse da hat, einen Wurf Welpen zu vergeben hat ○
4.6 Bekomme(n) zufällig einen angeboten und nehme(n) ihn gleich mit ○
4.7 Besuche(n) einen Händler, der viele Rassen zur Auswahl hat ○
4.8 Bekomme(n) einen Welpen besonders günstig angeboten, woher der Hund kommt, weiß ich (wissen wir) nicht ○

Wenn Sie bei 4.1 bis 4.4 Kreuzchen machen, ist das in Ordnung. Die Kreuzchen danach werden immer verantwortungsloser.

5. Fragen zum Hund: Was soll Ihr Hund können/sein?
5.1 Ich/wir möchte(n) mich (uns) mit ihm ausgiebig beschäftigen, weil er nur sein kann, was ich/wir aus ihm mache(n) ○

5.2 Ich will ihn gemäß seinen Talenten ausbilden und z. B. Bewegungsspiele, Schlittenhundrennsport oder die Begleithundeprüfung mit ihm machen ○
5.3 Freundlich zu Kindern ○
5.4 Ich will einen unternehmungslustigen Hund ○
5.5 Ich will, daß er nicht unangenehm auffällt ○
5.6 Ich will einen Sportkameraden, weil ich gern wandere, reite, radfahre ○
5.7 Ich will einen Hund als Lebens- und Freizeitpartner ○
5.8 Ich will keinen Schutzhund, keine Prüfung und ähnlichen Kram ○
5.9 Ich will nicht mehr allein sein ○
5.10 Er wird bei mir/uns alt werden ○
5.11 Ich habe bisher keine Ahnung von diesem Hundetyp, aber er interessiert mich, ich möchte lernen ○
5.12 Ich gebe ihm, was er braucht ○
5.13 Schönheitsprädikate brauchen weder er noch ich ○
5.14 Ich will einen Kumpel, der meinem Temperament entspricht ○
5.15 Ich habe wenig Zeit für ihn, aber mein Lebenspartner oder mein(e) Kind(er) oder Eltern ○
5.16 Ich will einen attraktiven Begleiter ○
5.17 Wir wollen einen Spielkameraden für unser Kind, das oft allein ist ○
5.18 Mein Hund braucht keine Erziehung ○
5.19 Er kriegt von mir/uns alles, was er will ○
5.20 Ich will mit ihm nur Gassigehen, das reicht mir ○
5.21 Ich will einen Knuddelhund zum Liebhaben ○
5.22 Schlittenhunde sind repräsentativ, das reicht mir ○
5.23 Ich will unbedingt einen Jagdhund oder Rettungshund aus ihm machen ○
5.24 Ich habe Angst, deshalb brauche ich einen stattlichen Beschützer, aber keinen Menschenfresser ○
5.25 Er soll mich und meine Familie beschützen ○
5.26 Er muß von allein wachsam und gehorsam sein ○
5.27 Ich will ihn zum Wachhund ausbilden lassen ○
5.28 Er muß pflegeleicht sein und keine Ansprüche stellen, weil ich nicht viel Zeit für ihn habe ○
5.29 Ich will einen Hund, der hart ist zu sich und anderen Lebewesen ○
5.30 Er soll mal Nachkommen haben, die Geld in die Kasse bringen ○
5.31 Ich will ihn zum Schutzhund ausbilden lassen, damit er scharf wird gegen alles ○
5.32 Ich will einen, der andere Hunde niedermacht ○

Wenn Sie die Punkte 1 bis 15 angekreuzt haben und keine weiteren, dann sind Sie ein potentieller Schlittenhundmensch. Wenn sich Ihre Kreuzchen stark bis Punkt 22 verlagern, dann sollten Sie Ihren Rassewunsch überprüfen, ob Sie nicht doch lieber einen anderen Hundetyp wollen.

Ab Punkt 23 bis 27 waren Sie zumindest ehrlich, zugunsten eines

Fehlkaufs. Sie sollten konsequenterweise einen anderen, für Ihre Bedürfnisse geeigneteren Hundetyp halten, keinesfalls aber einen Schlittenhund.

Ab Punkt 28 waren Sie beim Ankreuzen noch ehrlicher. Aber Sie scheiden nach meiner unmaßgeblichen Meinung und Erfahrung als Kandidat für eine Hundehaltung aus. Immerhin hat dieser Test für Sie und für einen Hund den Zweck erfüllt, daß Sie zugunsten aller Beteiligten auf einen Hund verzichten. Vielleicht überprüfen und korrigieren Sie aber Ihre Einstellung zu Hunden?

6. Welche Hunde»probleme« würden Sie gerne vermeiden?
- 6.1 Ein Hund macht zu viel Arbeit ○
- 6.2 Ein Hund produziert zu viel Dreck ○
- 6.3 Ich will wieder ohne Hund in Urlaub ○
- 6.4 Ich will/kann wegen der Wohnung nicht ○
- 6.5 Ich habe zu viel Ärger damit ○
- 6.6 Ein Hund kostet zu viel Zeit ○
- 6.7 Ein Hund macht mich zu abhängig ○
- 6.8 Die Erziehung ist mir zu lästig ○
- 6.9 In Städten ist Hundehaltung nicht vertretbar ○
- 6.10 Mich ekelt die asoziale Haltung einiger Hundefanatiker (Tretmienen, Aggressionen, Verhätschelungen usw.) an ○

Die letzten beiden Punkte sind kein Problem der Hunde, sondern der artgerechten Haltung und Erziehung. Deutschland ist nicht nur kinderfeindlich, sondern auch hundefeindlich. Die Franzosen halten dreimal so viel Hunde wie die Deutschen (38 Prozent zu 13, nur Griechenland und die Schweiz halten bei den befragten 17 europäischen Ländern noch weniger).

Wenn Sie jedoch die Punkte 1 bis 8 angekreuzt haben, verzichten Sie besser auf jeden Hund. Sie tun sich und einem Hund damit nur einen Gefallen.

Fragebogen für Kinder

zwischen sieben und 13 Jahren.

Ihr solltet bei den Fragen 1 bis 10 nur eine Antwort ankreuzen.

1. Magst du Hunde, auch wenn ihr jetzt keinen habt?
- ○ Oh ja
- ○ Na ja, irgendwie schon
- ○ Nee, ich könnte darauf verzichten

2. Hast du Angst vor Hunden?
- ○ Ja, vor jedem
- ○ Ja, aber nur vor großen und bestimmten

3. Warum? Hat dich mal einer gebissen?
- ○ Ja, einmal
- ○ Ja, schon ein paar Mal
- ○ Nein, aber irgendwie habe ich Angst
- ○ Wie sollte er? Ich hatte noch nie Probleme

4. Warum, glaubst du, hat dich der Hund gebissen?

____

____

____

____

____

____

5. Hat er eigentlich nur geschnappt?
- ◯ Ja, stimmt

6. Hast du dir überlegt, warum er das getan hat?
- ◯ Nein, warum auch
- ◯ Doch, aber ich weiß nicht recht
- ◯ Meine Eltern oder Geschwister haben mir gesagt, warum

7. Was ist dein Traumhund?

____

8. Ich hätte gern einen anderen. Warum?

____

____

9. Was gefällt dir an Hunden im Fernsehen oder Kino?

____

____

____

10. Wenn du mal erwachsen bist, willst du dann auch einen eigenen Hund?
- ◯ Auf jeden Fall
- ◯ Ja, aber das muß ein anderer Hund sein
- ◯ Nein, lieber ohne

11. Was gefällt dir an eurem Hund?
- ◯ Daß er mit mir spielt
- ◯ Meine Eltern haben mir den Hund geschenkt
- ◯ Daß er so schön ist
- ◯ Daß ich mit ihm mehr machen kann als nur herumspielen
- ◯ Daß er Katzen jagt
- ◯ Daß er immer der Stärkste ist
- ◯ Daß er mich beschützt, wenn nötig

12. Was willst du ihm beibringen?
- ◯ Daß er nur mir folgt
- ◯ Daß er mich allen anderen vorzieht
- ◯ Daß er auch mir folgt
- ◯ Ich habe keine Lust dazu

13. Was wird dein Hund für dich sein?
- ◯ Ist doch nur ein Raubtier
- ◯ Unnütz
- ◯ Mein bester Freund
- ◯ Mein Beschützer
- ◯ Mein Rambo
- ◯ Eines meiner Spielzeuge
- ◯ Besser als ein Mensch
- ◯ Unterste Schublade, bloß ein Tier
- ◯ Unter den Menschen, aber ein Lebewesen
- ◯ Wir machen ihn von uns abhängig, also müssen wir wenigstens dafür sorgen, daß er hundegerecht erzogen wird
- ◯ Meine Eltern und ich haben ihn uns gewünscht, also bekommt er alles, was er will
- ◯ Ich will mehr über Hunde erfahren, damit ich ihn besser verstehe
- ◯ Hunde sind für mich kein Spielzeug, sie wollen beschäftigt werden
- ◯ Ich habe keinen Bock, mich mit dem Hund zu beschäftigen. Das sollen meine Eltern tun, die haben ihn ja auch bezahlt
- ◯ Hunde sind für mich ganz eigene Wesen, ich möchte mehr über sie wissen
- ◯ Ich möchte, daß mein Hund so wird wie Lassie oder Rex
- ◯ Ich weiß, was Agility ist
- ◯ Ich will mehr aus unserem Hund herausholen

○ Meine Eltern haben keine Ahnung von Hunden

So, und jetzt rede mal mit deinen Eltern darüber. Du solltest ja den künftigen Hund mögen.

Sie und gegebenenfalls Ihre Kinder haben nun alle versteckten Testfragen mit Bravour gelöst und wollen immer noch einen Schlittenhund? Dann kann ich Ihnen trotzdem helfen. Willkommen im Klub der liebenswerten Rüpel!

Hundewahl

Die Rasse

Gute Züchter klagen seit einigen Jahren ein blauäugiges Lied: Der Schlittenhund, womit die meisten Freunde nur den stahlblauäugigen Siberian Husky meinen, ist in Mode und damit auf den menschlichen »Hund« gekommen. Seine Popularität, seine Menschenfreundlichkeit und seine Schönheit haben ihm 1993 einerseits auf der Rangliste des Verbands für das Deutsche Hundewesen (VDH) den Platz 23 unter allen beim VDH eingetragenen 212 Rasse-Welpen eingebracht.

1994 sank die absolute Zahl der Welpen vom Spitzenwert 1149 (1993) wieder auf 917. Die anderen drei Schlittenhunderassen sind im 93er Vergleich dazu Raritäten: Alaskan Malamute Rang 63 mit 182 Welpen, Samojede 85. Platz mit 111 und Grönlandhund als 137. mit gerade mal 28 Welpen.

Der Siberian Husky ist ein Modehund geblieben, und das hatte betrübliche Auswirkungen auf die Gesundheit durch vermehrten Bedarf, der gedeckt wurde. Wieviele Huskies wanderten von einer Hand in die andere, weil sich die Käufer nicht informierten, was hinter den schönen blauen Augen steckt, oder sich blenden ließen? Es liegt in der Verantwortung der Züchter, in wessen Hände sie einen jungen Hund geben.

Speziell für Siberian-Husky-Liebhaber sei darauf hingewiesen, daß der Weltsieger des letzten Jahres kein

Das Schicksal eines – hier drei Tage alten – Siberian Huskys liegt künftig in Ihrer Hand.

typischer war: keine blauen Augen, kein grau abgesetztes Wolfskleid. Der World Champ sprengte alle Klischees: Erstens kam er aus Spanien, zweitens hieß er, entgegen seiner zugelassenen braunen Farbe an Fell und Augen, »Arctic Blue's Senator«.

Soviel zu den blauen Augen. Leider werden immer noch die hellblauen Augen der Siberian Huskys als Kaufmotiv genannt und nicht der ganze Hund. Schon gut, ich nehme den Zeigefinger herunter (will ja nur die Hunde vor falschen Besitzern schützen).

Sie sind dran: Welchen unter den Schlittenhunden möchten Sie? Ich habe ein Patentrezept. Entscheiden Sie passend zu Ihren Ansprüchen, Ihrem Temperament, Ihrer Vitalität, Ihrem Bewegungsdrang, Ihrer Freiheitsliebe. Wenn Sie diese Kriterien nicht kennen, wird es Zeit, Ihre Freunde danach zu fragen. Daraufhin suchen Sie sich den ähnlichsten Hundetyp aus, der zu Ihrem Wesen paßt. Damit meine ich nicht einmal die Rasse, sondern den Charakter innerhalb eines Wurfes. Wie bei Menschen, so auch unter Geschwistern: keiner ist gleich.

Rüde oder Hündin?

Zweite Frage: Junge oder Mädchen? Was unter Fachleuten verpönt ist, sprechen wir hier ohne Geschlechterkrieg aus: Kynologen sagen Rüde oder Hündin (wenn schon: Fähe wäre korrekt).

Vergessen Sie alle Klischees, die einer Hündin mehr Zutraulichkeit, einem Rüden mehr Schärfe zusprechen. Eine Hündin wird – wenn sie mit fast einem Jahr geschlechtsreif geworden ist – zweimal im Jahr läufig. Wenn in diesen jeweils gut vierzehn Tagen Läufigkeit sexuell erregbare Rüden jeder Bauart Interesse zeigen, Sie aber die – zugegeben – rassistische Auswahl treffen wollen, ist es wohl am besten, Sie lassen sich mit Ihrer Hündin nicht zu viel auf der Gasse blicken. Rüden drehen ab der Geschlechtsreife (mit rund einem Jahr) durch, wenn sie eine solche Hündin riechen.

Die Läufigkeit macht sich in anschwellenden äußeren Geschlechtsteilen bemerkbar; in den ersten neun bis zwölf Tagen fließt Blut aus der Scheide, später hat der Ausfluß eine hellere Farbe.

Dieser Ausfluß weckt den Geschlechtstrieb von Rüden. Ein Rüde in hündinnenreicher Umgebung kann jeden Tag auf eine andere Läufige treffen. Wenn ein Rüde einmal ein Erfolgserlebnis hatte, will er natürlich mehr.

Sie haben die Wahl unter beiden natürlichen »Nachteilen«, wenn Sie diese als solche empfinden. Abhilfe kann in beiden Fällen eine Kastration schaffen, wenn man nicht züchten will.

Wollen Sie tatsächlich den angestammten Sport mit den Hunden treiben und nehmen gleich zu Anfang Hündin und Rüde? Wenn Sie den Hunden einen Gefallen tun wollen und Platz genug haben – bitte! Es sind nun mal Rudeltiere.

Wollen wir doch mal ehrlich sein: Liebe auf den ersten Blick wird es sein, die die schwere Entscheidung bringt. Wie sollen Sie unter so viel Wollknäueln den Richtigen finden?

Der beste Rat kommt vom »Welpengott«, und den spielt der Züchter/die Züchterin bis zur Ablösung durch Sie. Dieser erste Gott ist für die Welpen der Mensch, der ihnen das Fressen bringt. Fragen Sie also zu allen Nebenwirkungen und Risiken den Kenner der Elterntiere und Welpen. Er hat sie von Geburt an beobachtet.

Ein Kriterium sollte bei Ihnen im Vordergrund stehen: Auch wenn der erwachsene Schlittenhund ein selbständiger Typ ist, muß er schon als Welpe auf Menschen geprägt sein. Wenn er vor Menschen Angst zeigt und sich bei Ihrem Auftritt in die Ecke verkriecht, ist er sozial verarmt. Der Züchter muß sich in diesem Fall vorhalten lassen, daß er die Welpen ohne Kontakte (wenn nicht schlimmer) gehalten hat.

Kommt ein Welpe auf Sie freudig zu, dann findet er Menschen toll. Alles in Butter. Lassen Sie ruhig ihre Kinder vorsichtig an die Welpen ran, und freuen Sie sich an den glänzenden Augen.

Stören Sie sich nicht daran, daß die Welpen sich meist draußen bei ihrer Mutter aufhalten. Wenn die Welpen bei gutem Wetter in der Wohnstube präsentiert werden, ist im und am Wurflager und der Umgebung etwas faul.

Es ist auch für Ihren Auserwählten artgemäß, wenn er weitgehend an der frischen Luft gehalten wird. Damit meine ich nicht notwendigerweise einen Zwinger. Das hört sich so »gezwungen« an, ist aber ein kontrollierter Aufenthaltsraum. Kenner robuster Pferde nennen das »Offenstallhaltung«. Nur in der Wohnung gehalten, kann ein Welpe keine Umwelteindrücke wie Geräusche, Gerüche, Bewegungen verarbeiten, sich nicht an andere Tiere gewöhnen.

Sollten Sie bereits eine oder mehrere Katzen haben, ist es förderlich, wenn der Welpe schon beim Züchter ersten kratzenden Kontakt mit den seltsamen »Hunden« hatte, die überhaupt nicht bellen, sondern nur fauchen können und immerzu einen Buckel machen.

Aber so weit sind wir noch gar nicht. Sie haben den Kleinen noch nicht gekauft, auch wenn die Kinder drängen oder Ihr Herz überquillt. Denn jetzt ist Verstand gefragt.

Züchterwahl

Ein guter Züchter fragt Sie mehr nach Ihrer Art, Ihren Wohnverhältnissen und Aktivitäten, als Ihnen lieb ist.

Ich komme noch einmal auf den Autokauf zurück: Feilschen Sie gern mit verschiedenen Händlern? Gut, aber nicht bei den Fahrtkosten zu den besten Händlern. Außerdem kaufen Sie Ihr Auto nicht bei einem x-beliebigen, sondern bei einem Fachmann, der auch nach dem Kauf einen guten Service bietet. So sollten Sie es bei einem Hundekauf ebenfalls halten.

Schauen Sie sich mehrere Züchter an, dann wissen Sie auch, wie Sie Ihre Hunde halten. Die Züchter werden es mit Ihnen umgekehrt tun. Damit meine ich gerade bei Schlittenhunden nicht die Dealer mit dem Perserteppich, auf dem die Welpen verkaufspsychologisch possierlich drapiert werden. Lassen Sie sich nicht auf »Verkaufspsychologen« ein, die so tun, als sei der Welpe »eigentlich schon anderweitig vergeben«. Oder auf den Spruch: »Eigentlich wollte ich mit ihm ja züchten, ein vielversprechender Welpe.« Ich frage Sie:

Ein guter Züchter prägt seine Welpen bis zum Abgabealter gleich stapelweise auf Menschen.

Wer verspricht hier viel? Wenn ein solider Züchter auf solche Strategien verzichtet, können Sie weiterfragen.

Nicht verhehlen möchte ich, daß etliche Rassehundezüchter davon leben, Hunde zu verkaufen. Sie sind auf den Geschmack gekommen, Schlittenhunde sind gerade in. Trennen Sie also mit Ihrer Menschenkenntnis den Dealer vom Liebhaber, der wirklich Welpen abgeben will und sich seinerseits die Käufer aussucht. Ein Hundekauf ist letzten Endes Vertrauenssache. Nehmen Sie ruhig einen Hundefachmann mit. Vergessen Sie jedoch nicht, daß *Sie* es sind, der Verantwortung für ein Energiebündel trägt, sein Leben lang.

Das hört sich alles sehr moralisch an. Aber dieses Buch hat auch die Pflicht und Schuldigkeit, Mensch wie Hund glücklich zu machen und vor Fehlern zu warnen.

Wenn Sie jetzt gleich losmarschieren möchten, Ihren Sportflitzer gegen einen Kombi eingetauscht und die Baby-Erstausstattung samt alter Decke im Haus haben, aber nicht wissen, woher den Hund nehmen: Adressen von Rasseverbänden finden Sie im Anhang (S. 96).

Im Sinne des Hundes und Ihretwegen bitte ich Sie nur um eines: Vergessen Sie es, Ihren Hund von einem Kaufhausdealer oder einem geschäftstüchtigen Händler für ein paar Mark weniger als beim Züchter zu erstehen oder weil Sie ihn aus miesen Verhältnissen erlösen wollen! Ich prangere hier ganz ausdrücklich solche Das-geht-gerade-wie-geschmiert-weg-Verkäufer an, die schnelles Geld wittern.

Ich habe einige solcher heruntergekommenen Welpen, vornehmlich aus Polen und Tschechien, gesehen: Sie wurden verteilt wie Zigarettenstangen, hatten stundenlange Autofahrten im geschlossenen Kofferraum hinter sich und gingen innerhalb weniger Tage durch viele ahnungslose Hände. Das waren noch »handliche« Kleinhunde. Inzwischen sind leider auch Huskies in diesem verantwortungslosen Markt zum Knüller geworden: eine Art Winterschlußverkauf.

Schlittenhunde aus Tierheimen sind ebenfalls problematisch. Meist stammen sie aus verwahrlosten Verhältnissen, sind oft handscheu. Sollten Sie sich dennoch aus ehrenwerten Gründen für ein solches, im Asyl abgeliefertes Tier entscheiden (am besten nur, wenn Sie schon hundeerfahren sind), verändere ich gern den Hinweis: Zu Nebenwirkungen und Unverträglichkeiten fragen Sie einen erfahrenen Schlittenhundemenschen oder mich. Der Verlag wird Ihre Sorgen weiterleiten.

Wenn wir schon übers Geld reden: Es ist wirtschaftlicher, den Hund von einem erfahrenen, seriösen Spezialrassen-Züchter zu kaufen, als von einem dubiosen Osthändler oder im Hundesupermarkt. Ein wesensfester, sorgfältig aufgezogener Welpe von gesunden Eltern ist glücklicher und gesünder und reduziert die Tierarztbesuche auf das Notwendigste.

Kauf

Nun halten Sie bereits Ihren Welpen im Schoß (fängt ja gut an: als Schoßtier?) und sitzen dem Züchter gegenüber: die Formalitäten. Die meisten Züchter, die etwas auf sich und ihre Hunde halten, sind in der größten nationalen Rassehunde-Organisation (Verband für das Deutsche Hundewesen, VDH) vereint.

Der VDH stellt Musterverträge zur Verfügung. Die darin enthaltenen Formulierungen haben sich bewährt. Lesen Sie den Vertrag trotzdem durch. (Das tun Sie doch auch, wenn Sie ein neues Auto kaufen, oder?) Jetzt wissen Sie, wie Ihre Rechtslage als Käufer und die des Verkäufers ist.

Und jetzt geht es ans Zahlen. Um Ihnen einmal aufzuzeigen, was so für Rassewelpen gezahlt wird, verweise ich auf eine andere, ebenso exklusive, wesentlich kleinere Rasse. Ein Züchter verlangt für einen Welpen 2000,–, ein anderer 4000,– DM. Ist dieser Welpe deshalb doppelt so toll?

Ein Schlittenhund frißt doppelt so viel wie jene Rasse, und der Preis eines Welpen richtet sich nach der Wertig-

Wer aus dieser glücklichen Familie die Wahl hat, hat die Qual. Welchen Welpen nehmen?

Kaufvertrag

Zwischen dem **Verkäufer** (Name, Vorname, Straße und Nr., PLZ und Ort):

....

und dem **Käufer** (Name, Vorname, Straße und Nr., PLZ und Ort):

....

wird folgender **K a u f v e r t r a g** geschlossen:

Muster

Gegenstand des Vertrages ist der Rüde*) die Hündin*)

(Name) ....

der Rasse .... Wurfdatum ....

im VDH/FCI-Zuchtbuch des Rassehunde-Zuchtvereins

(Name) ....

( ) **) eingetragen unter Nr. ....

( ) **) zur Eintragung angemeldet. Tätowier-Nr.: ....

Der **Kaufpreis** beträgt DM .... (i. W. Deutsche Mark ....

....)

Der Käufer erklärt, daß er mit dem Hund nicht*) züchten und diesen nicht*) ausstellen will.

Der Verkäufer leistet für die Richtigkeit der in der Ahnentafel bzw. in der Meldung zum Zuchtbuch enthaltenen Angaben **Gewähr, gleiches gilt für die Angaben in weiteren übergebenden Urkunden. Er versichert,** daß ihm irgendwelche offensichtliche oder verborgene Mängel oder Krankheiten des Hundes nicht bekannt sind. **Er erklärt, daß der Hund gegen Staupe, Hepatitis, Leptospirose, Parovirose, Tollwut *) geimpft wurde, und händigt den Impfpaß dem Käufer aus.**

Der Käufer bescheinigt, den Hund besichtigt zu haben. **Er erklärt,** daß er über die für die Aufzucht und Haltung eines Hundes notwendigen Kenntnisse, Fähigkeiten und Möglichkeiten verfügt und daß ihm bekannt ist, daß insbesondere ein junger Hund tiergerecht aufgezogen und gehalten werden muß und unter keinen Umständen überfordert werden darf. Von der Haftung für Beeinträchtigungen und Schäden, die durch falsche Haltung, Aufzucht oder Behandlung entstehen, **stellt er den Verkäufer frei. Er sichert ferner zu,** den Hund nach den Bestimmungen des Tierschutzgesetzes und den auf Grund dieses Gesetzes erlassenen Verordnungen zu halten.

( ) **) Die Ahnentafel ist dem Käufer übergeben worden.

( ) **) **Der Verkäufer verspricht,** die Ahnentafel nach Erhalt vom Zuchtbuchamt dem Käufer unverzüglich zuzusenden.

Zusätzlich werden folgende Abreden getroffen:

....

....

....

....

....

....

Verkäufer und Käufer erklären, daß darüber hinaus weitere Abreden nicht getroffen wurden. Ergänzungen und Änderungen dieses Vertrages bedürfen der Schriftform. Verkäufer und Käufer erhalten je eine Ausfertigung dieses Vertrages.

(Ort) .... (Datum)..

DER VERKÄUFER DER KÄUFER

*) Nichtzutreffendes bitte streichen
**) Zutreffendes bitte ankreuzen

»Zwinger« hört sich gezwungen an, aber viele Hunde müssen ausbruchssicher untergebracht werden.

keit seiner Eltern. Wenn Sie unbedingt einen Welpen aus internationalen Sieger-Verbindungen haben wollen, womit unter anderem hohe Reisekosten zu Ausstellungen und der steigende Marktwert verbunden sind, dann kostet ein Welpe mehr als bei einem Züchter, der auf Prämierungen keinen besonderen Wert legt.

Er hatte dennoch Aufwendungen: für die Anschaffung, Haltung und Futterkosten der Hündin oder beider Elterntiere, für Tierarztbesuche und -behandlungen. Die tragende und säugende Hündin verlangt nach besonders wertvoller Kost. Und die Kleinen fressen auch nicht schlecht bis zum Abgabealter von über acht Wochen (ungefähr der Zeitpunkt, wenn die Welpen entwöhnt sind und der Hundevater seinen Unterricht beginnen würde).

Ein Züchter muß auch als seriös kalkulierender Kaufmann den Kaufpreis seiner Zuchttiere abschlägig anrechnen. Einen reinrassigen Schlittenhundwelpen bekommen Sie daher nicht unter 1000,– DM, obenstehende Ausnahmen bestätigen diese Regel.

Sie erhalten neben dem Welpen und dem Kaufvertrag auch noch eine Ahnentafel vom Verein, in dem der Welpe registriert ist. Aus dieser Urkunde ersehen Sie, welche Vorfahren Ihr Welpe hat.

Und Sie erhalten einen internationalen Impfpaß. Damit wird höchst amtlich bestätigt, daß Ihr Hund auslandsreisefähig ist und gegen Tollwut, Leptospirose, Parvovirose und Staupe geimpft ist (siehe auch Kapitel »Krankheiten«, S. 51).

Selbstverständlich hat er die erste Entwurmung hinter sich. Darauf und auf folgende Entwurmungen wird Sie ein sorgfältiger Züchter hinweisen.

Zum Verkaufsgespräch sollte es auch gehören, daß Ihnen der Züchter einen Ernährungsplan (siehe auch »Ernährung«, S. 42), vielleicht sogar eine erste Futterration, mitgibt.

Autofahren

Da nicht anzunehmen ist, daß ausgerechnet Ihr Züchter um die Ecke wohnt, muß der Welpe mit dem Auto abgeholt werden. Gute Züchter gewöhnen ihre Welpen bereits ans Autofahren. Falls dies nicht der Fall ist, müssen Sie einiges beachten. Ich widme diesem Problem einige Sätze, denn hier beginnt schon die Prägung, das Vertrauen und die künftige Bereitschaft, noch einmal im Auto mitfahren zu wollen.

Wenn Sie hier Fehler machen, findet der Welpe das Autofahren von Beginn an zum Kotzen. Je logischer Sie in seinem unbedarften Sinne vorgehen, desto schneller und lieber fährt er wieder mit.

Die goldenen Regeln für die erste Autofahrt: Er sollte mindestens zwei Stunden vor der Heimfahrt nicht mehr trinken und fressen, anders gesagt: Er sollte »geleert« sein.

Sie sind nicht allein gekommen. Eine zweite Person muß bei der Heimfahrt hinterm Lenkrad sitzen und das Auto wie einen Krankentransport ruck-, stoß- und möglichst geräuschfrei mit sanfter Fahrtechnik bewegen. So können Sie sich ständig um den Kleinen kümmern, ihn beruhigen und streicheln, damit er die ungewohnte Situation als gar nicht so schlimm, idealerweise sogar als angenehm empfindet. Sie haben damit bereits die halbe Autofahrt gewonnen und später einen Hund, der immer mitfahren will.

Lassen Sie den Welpen vor der Fahrt das Auto beschnuppern.

Sie nehmen den Welpen jetzt zu sich. Nicht an den Läufen ziehen, auch nicht an der losen Genickhaut packen; das irritiert ihn nur. Sie sollen sich ihm vertraut machen, also greifen Sie ihm mit einer Hand unter die Brust und stützen sein Hinterteil mit der anderen Hand.

Setzen Sie ihn auf den Platz, den er beim Autofahren stets haben soll. Und Sie streicheln ihn wieder, damit er ahnt, daß hier etwas Gutes zu erwarten ist. Lob ist die beste Motivation. Am besten und sichersten ist es, der Hund bekommt seinen Platz im Fond des Wagens, hinter den Rücksitzlehnen oder im früheren Gepäckabteil eines Kombis oder Geländewagens. Ein versicherungsrechtlich nicht akzeptabler Platz ist zu Füßen des Beifahrers. Denn dort bleibt er nicht, er könnte sich in den Fußraum des Fahrers verirren. Der Hund muß sich auf einem Platz aufhalten, der durch Trenngitter oder -netz, mit einer Box oder einem Sicherheitsgurt gesichert ist.

Lassen Sie ihm auf seinem Platz Zeit, die neue Umgebung zu erkunden. Denn dort soll er sich während der ganzen Fahrt aufhalten. Er darf dieses eingeschränkte Revier nie mehr wechseln. Je konsequenter Sie gleich zur ersten Stunde sind, desto weniger Chancen hat er, seinen Willen durchzusetzen. Und im Auto gilt Sicherheit vor Freiheit.

Während des für ihn fürchterlichen Motoranlaßgeräusches lenken Sie ihn ab, mit Streicheln oder mit einem kleinen Ball oder anderem Spielzeug, mit dem er sich gleich anfreunden kann. Denken Sie daran: Seine bisherige Umgebung hatte ein ganz anderes Geräuschniveau. Wenn Sie ihm das Neue so angenehm wie möglich machen, lernt er es gerne, damit umzugehen.

Bitten Sie den Fahrer, sanft anzufahren, ein ungepflegter Rennstart versaut Ihnen das bereits erreichte Vertrauen. Kurven sind keine Attacke eines Welpengenossen, der ihn umstoßen will. Kurven ahnt, sieht und mag der Welpe nicht. Vermeiden Sie also starke Seitenneigungen. Mit der Zeit lernt er, sich diesen komischen Fremdeinwirkungen auf seinen Körper entgegenzustemmen.

Führen Sie ihm während der Fahrt genügend Frischluft zu. Ein Hund hechelt – besonders unter Angst und bei Hitze – und verbraucht mehr Luft als ein Mensch. Es soll aber nicht ziehen. Hunde, die so vermeintlich nett aus dem Fenster schauen oder sich keck aus dem Cabrio hinauslehnen, werden mit Bindehautentzündungen der chronischen Art bestraft. Die Augen sind nicht für diesen Gegenwind konstruiert.

Sollten Sie unterwegs tanken müssen, lenken Sie den Welpen mit einem mitgebrachten oder vom Züchter geschenkten Leckerbissen ab, damit er nicht im Auto nach vorne oder sonstwo hinspringt. Sie lenken ihn ab, während der Fahrer tankt und bezahlt. Später dürfen Sie wieder bezahlen, wenn sich der Hund an seinen Platz gewöhnt hat.

Gönnen Sie ihm bei längeren Fahrten mehrere Pinkelpausen (nur angeleint) auf Seitenwegen. Er wird diese Unterbrechung, die direkt auf einen Wald- oder Wiesenspaziergang hinführt, ganz logisch mit einer angenehmen Erfahrung in Verbindung bringen. Auto verheißt also duftende Blumenwiesen oder sogar Schnee. Das haben Sie aber ganz raffiniert hingekriegt!

Zuhause angekommen, bremst der Fahrer vor der Haustüre ab wie ein Könner, so daß der Wagen sanft, ohne Rucken und Schaukeln zum Stehen kommt. Bisher war alles toll, der Hund hat nicht gekotzt. Und dann schlagen Sie die Türe zu! Sie haben soeben Ihren ganzen Einsatz umsonst gefahren. Er muß sich auch an dieses Geräusch erst gewöhnen. (Und die Nachbarn danken es.)

Beim Herausnehmen aus dem Auto loben Sie den Führerscheinneuling über den grünen Klee. So, als hätte er soeben etwas ganz Tolles vollbracht.

Absolut tödlich ist der Fehler, ihn gleich bei der ersten Fahrt, bloß aus übertriebener Vorsorge, zum Tierarzt zu bringen. Die logische Verbindung bedeutet dann für ihn: »Auto? Au Backe! Unangenehme Gerüche und ein Piekser und überhaupt!« Auto ist bei diesem Fehler sofort unter »schlechte Erfahrung« abgespeichert.

Eingewöhnen und Stubenreinheit

Jetzt ist der Welpe in seiner neuen Heimat angekommen. Er ist ganz aufgeregt und weiß gar nicht, wo er zuerst hin soll. So aufgeregt, daß er das Wasser nicht mehr halten kann.

Hier beginnt Ihr zweiter großer Auftritt in Sachen Konsequenz: Sie wissen bereits, daß es eine menschliche Unsitte ist, den Hund mit der Nase draufzustoßen oder zu toben. Sie knurren wie seine Mutter, wenn er was Verbotenes macht. Oder Sie knurren ein »Nein« oder »Nnaa!«.

Das kommt der gewohnten mütterlichen Warnung am nächsten. Ganz ruhig packen Sie den Welpen, dem plötzlich alle Chancen genommen wurden, auf seinem früher bekannten Klo zu urinieren, am Genick und führen ihn direkt auf sein künftiges Klo. Dort warten Sie, bis er unter Streicheln sein Restgeschäft erledigt. Dann loben Sie ihn überschwenglich (siehe auch »Erziehung«, S. 45).

Diese Übungen müssen Ihnen so in Fleisch und Blut übergehen, daß Sie die nächsten Tage unablässig beobachten, wann der Kleine unruhig wird: Er wirkt unsicher, schnüffelt unsicher am Boden herum, scheint etwas zu suchen – nämlich den Ausgang. Der ihm vertraute frühere ist ja nicht mehr da; zeigen Sie ihm den neuen.

Sie werden mehrere Versuche benötigen, bis Sie wissen, wann er machen muß. Ideal wäre es, wenn Sie ihn schon bei dieser Unruhe auf sein Klo führen – und wieder unmittelbar nach dem entspannenden Erfolg loben. Tun Sie dies konsequent und die ersten Tage so intensiv, so gebe ich Ihnen und dem Welpen fünf Tage, dann ist er trocken. (Bis zum ersten Rückfall.)

Gehen Sie, wenn Sie den Welpen bei einem Rückfall erwischen, genauso knurrend vor und führen Sie ihn stur wie ein Zum-Hundeklo-Bring-Roboter zum richtigen Tatort. Wenn Sie oder eine andere Bezugsperson eine Ausnahme machen, verzögert sich schon die Lernphase.

Lassen Sie die ersten Stunden nicht zu viele Neugierige zu ihm. Er hat noch viel zu kauen an dem, was man ihm angetan hat. Die erste Nacht soll er Fühlung zu Ihnen aufnehmen können. Damit meine ich nicht das verbotene Himmelreich, Ihr Bett. Das ist tabu. Sie haben sich schließlich keinen Schoßhund gekauft. Aber er soll Nestwärme verspüren. Wie früher bei Hundemammi.

Das war die Eingewöhnung. Leben Sie mit Rückfällen und stellen Sie diese mit Konsequenz und Geduld und sanfter, aber deutlicher Stimme ab.

Aber was sagen Sie, und wie bringen Sie ihm notfalls einen anderen Namen bei, wenn Ihnen der Name in der Ahnentafel nicht gefällt?

Sie erregen seine Aufmerksamkeit z. B. durch Fingerschnippen. In diesem Moment, wenn er auf Sie schaut, rufen Sie ihm den neuen Namen zu, der möglichst aus wenigen Buchstaben besteht und viele Vokale hat. Dann loben Sie ihn ausführlich, auch wenn er noch nicht weiß, wofür. Dies wiederholen Sie so oft, bis er auf diesen neuen Namen sicher reagiert.

Was haben Sie da hundepsychologisch angestellt? Sie haben den Namen mit etwas Angenehmem verknüpft. Wie beim Computer: richtiger Befehl – richtige Ausführung. Genauso werden bei der Erziehung die Kommandos mit der erwünschten Handlung verknüpft.

Unterbringung

Der ideale Lagerplatz ist zur warmen Jahreszeit ein kühler: Flur, Küche oder – seiner Natur und seinem Fell entsprechend – im Garten ein teilüberdachter Freiplatz, aber mit einer tief verankerten Umzäunung, die der

Qualität der chinesischen Mauer entspricht. Der Schlittenhund ist ein Gewohnheits-Ausbrecher. Sie werden noch an diesen Begriff denken, wenn er immer wieder versucht, einen Gang unter den Zaun zu graben. Er wird es vor allem dann versuchen, wenn er allein und gelangweilt ist.

Wenn Sie idealerweise mehrere Hunde halten können und wollen, dann empfiehlt sich ein richtiges Freiland-Gehege. Die Hunde sollten dort auch unbeaufsichtigt vor allen Reizen und Umwelteinflüssen sicher sein. Sie müssen ja auch mal zum Einkaufen fahren.

Lassen Sie die Hunde aber nie über längere Zeit unbeaufsichtigt. Wenn das Gehege nicht Schlittenhund-ausbruchsicher ist (zum Beispiel enger, stabiler Maschendraht mindestens 1,60 Meter hoch und 30 Zentimeter im Boden verankert), animieren sich die Insassen gegenseitig zum Ausbrechen, und sei es nur aus Freiheitsliebe oder zum spaßigen Zeitvertreib.

Spätestens jetzt wissen Sie, warum Ihr Züchter seine Hunde *so* hält und nicht anders. Natürlich kann ein Schlittenhund sich in der Wohnung aufhalten (aber nicht in einem Einzimmer-Appartement), das ist jedoch für einen solchen Bewegungsnotoriker nicht artgerecht, sondern eine Quälerei. Dazu gibt es genügend andere Rassen.

Wenn Sie ihn nur eine Stunde in der Wohnung lassen, auch als erwachsenen Hund, kann es sein, daß Sie Ihre Einrichtung nach der Rückkehr nicht mehr wiedererkennen. Er hat eben mal umgebaut, nach seinen Vorstellungen, weil ihm der Sinn nach Ich-will-raus stand. Das ist aber nicht sein Problem, sondern Ihres.

Alleinbleiben

Das heißt, Sie müssen ihn in kleinen Schritten an das Alleinsein für wenige Stunden gewöhnen. Die zehn Gebote für die erträgliche Einsamkeit des Welpen:

1. Vorher ausführlich entleeren und austoben lassen, damit er für die Zeit des Alleinseins schon mal müde ist.
2. Erklären Sie ihm nicht, was Sie vorhaben, er begreift es nicht.
3. Halten Sie einen Leckerbissen bereit, falls er bei Ihrer Rückkehr ruhig ist.
4. Gehen Sie beim ersten Versuch nicht von der Tür weg.
5. Horchen Sie vor der Tür, ob er kratzt oder winselt oder ähnliche Klagelaute von sich gibt.
6. Dann geben Sie ein Hör- und Verbotszeichen, zum Beispiel »Nnaa!« oder »Nein!«. Das geknurrte Verbot ähnelt dem Knurren seiner Hundemutter. (»Pfui« sagt kein Hund.)
7. Warten Sie, bis er wieder anhebt zu rebellieren, dann wiederholen Sie das Verbot.
8. Wenn er ruhig ist, kommen Sie herein, loben ihn und geben die Belohnung.
9. Wiederholen Sie dies ein paar Stunden später.
10. Wenn er ruhig bleibt, wenn Sie ein paar Meter weg still vor der Tür stehen, gehen Sie höchstens eine Viertelstunde weg. Nur wenn er ruhig bleibt, darf man allmählich etwas länger ausbleiben. Vergessen Sie nie, ihn bei der Wiederkehr zu belohnen! Nur so erhält man sein Vertrauen.

Lagerplatz

Der Lagerplatz sollte möglichst zugfrei, also ein paar Zentimeter vom nackten Boden entfernt sein. Es sei denn, Ihr Welpe wuchs schon abgehärtet, wie es sein soll, auf Naturboden auf. Dann dürfen Sie ihn nicht verweichlichen. Er gräbt sich schon eine Kuhle und legt seine buschige Ringelrute als Bettdecke über sich.

Gehen Sie nicht von *Ihrem* Temperaturempfinden aus. Ihr Hund ist bereits als Welpe mit einer Klimaanlage ausgerüstet. Überheizte Wohnungen sind ihm ein Greuel, weil er seinen Wintermantel nicht ausziehen kann.

Da ein Schlittenhund kein Wachhund ist, soll er stets Sichtkontakt zu Ihnen halten können. Er ist ein tierischer Menschenfreund. Er kann keine Dunkelräume und geschlossenen Abteilungen ertragen.

Wenn Sie ihm also »Wohn«-Verhältnisse anbieten können, die denen eines Schlittenhundes in freier Natur nahekommen, dann haben Sie den idealen Lagerplatz und die artgemäße Haltung gefunden. Mag sein, daß nach diesen Zeilen wieder einige Interessenten ausscheiden. Zum Wohle des Schlittenhundes.

Beschäftigung

Sie haben sich einen Sportler ausgesucht. Spazierengehen wird er zu jeder Tageshälfte einfordern. Das heißt, das Gassigehen zum nächsten Zigarettenautomaten hat ein jähes Ende. Ausgedehnte Spaziergänge jenseits von Asphalt sind seine Domäne. Aber Sie sollten den Welpen nicht überfordern. Zu Anfang genügt eine locker beschrittene Stunde. Er soll seinen Körperbau bis zum Alter von einem halben Jahr ohne Belastung entwickeln können.

Ein Welpe und Junghund (bis zu sechs Monaten) braucht besonders viel Anregung. Schon mit drei Monaten können, besser: sollten Sie eine Hundeschule mit ihm besuchen. Er braucht vor allem Sozialkontakt zu anderen Welpen und Junghunden, auch zu erwachsenen, sozial geprägten Tieren.

Und er braucht die Einschränkung, daß er nicht alles machen darf. Er wird von Hundetrainern und von anderen Hunden korrigiert. Er lernt unter Ablenkung das Sitzen, das Abliegen, das Gehen an der lockeren Leine. Er lernt spielerisch. Auf einem Schutzhundeplatz haben freilich weder Sie noch Ihr Schlittenhund etwas zu suchen.

Aber es gibt gerade für Junghunde sinnvolle Ausbildungsprogramme, die Ihren Hund geistig und körperlich anregen. Agility ist zum Beispiel ein Geschicklichkeitsturnier, wo er unter Ablenkung verschiedene Hindernisse meistern kann. Richtig angelernt, macht dies jedem gesunden Hund einen irren Spaß. Ich habe Hunde gesehen, die einen Slalom mit der Geschicklichkeit einer Katze durchwieselten. Und die Ohren standen voller Aufregung ganz oben. Agility bringt Hund und Mensch spielerisch Vertrauen bei. Das ist eine weitere Prägung zwischen Ihnen und Ihrem Hund, und zwar eine sehr sportliche.

Auch ein Naturbursche muß gesittet an der Leine gehen, wenn er nicht gerade Sport treibt.

Bis zur völligen »Ausbaustufe« des Körpers mit einem guten Jahr bringen Sie Ihren Hund zunehmend auf Trab. Wenn Sie ebenfalls Läufer sind oder Radfahrer waren, haben Sie schon fünfzig Punkte von hundert.

Wenn Ihr Hund aber als »Zieher« geprägt werden soll, ist es eine schwere Aufgabe, ihn an der Hosennaht zu halten. Was anderen Hunden verboten wird, sollten Sie ihm als künftigem Schlittenhund nicht auszutreiben versuchen. Es würde in einen lebenslangen Kampf ausarten, und Sie hätten sich doch die falsche Rasse ausgesucht.

Sie müssen nicht sofort an den Schlittensport denken, denn dort ist der Hund ja angehalten, sich mit voller Brust ins Geschirr zu werfen. Sie müssen nur seinen Vorwärtsdrang befriedigen. Wichtig ist, daß Sie ihn als Heranwachsenden nicht bloß ein paar Minuten lang im Garten herumfetzen lassen. Das reicht ihm nicht. Er ist ein Traber, ein Mittel- bis Langstreckenläufer. Und er ist kein Hund, mit dem man auf den Schutzhundeplatz geht, um Polizeihund zu spielen. Da ich aus fachlichen und sozialpsychologischen Gründen gegen eine Schutzhundeausbildung für Privatleute bin, gilt dies für den Schlittenhund erst recht. Solche »Ausbildungs«plätze sollten Sie meiden wie die Pest. Das ist ein Schlittenhunde-Grundgesetz.

Als Junghund freilich darf der Schlittenhund nicht mit der Meßlatte eines ausgewachsenen Marathonläufers trainiert werden. Sein Körper wächst so explosionsartig, daß ein aufbauender, das Wachstum nicht störender Bewegungssport (eben Agility) das einzige ist, was Sie tun sollten. Er ist weder Windhund noch Sprinter.

Wenn Sie beim Sportkapitel angelangt sind, und es nicht erwarten können, Ihrem Hund diesen Sport beizubringen, dann sind Sie ein Schlittenhundefreund.

Erstausstattung

Was braucht der Schlittenhundemensch für seinen Hund? Die Erstausstattung beschränkt sich auf wenige Dinge:

Näpfe: Am besten geeignet sind verchromte Futter- und Wasserschüsseln, die standfest und leicht zu reinigen sind.

Decke: Sie ist bereits mit seinem Geruch behaftet, damit akzeptiert er sie. Körbchen und seidener Perser passen nicht zum Image eines Schlittenhundes und zu seiner Beschaffenheit. Gegen sogenannte Hygiene-Isolierdecken ist wohl nichts einzuwenden. Am besten ist für ihn die natürliche Decke, wenn er ständig im Freien gehalten wird, wozu er geboren wurde.

Halsband: Ich empfehle bei Schlittenhunden in spe keines aus Metall, schon gar kein Antizieh- oder Würgeband, sondern ein an den Rändern weiches und sorgfältig verarbeitetes Leder, das stabil und seiner Genickkraft angemessen ist. Das Band soll keine Strafe, sondern angenehm zu tragen sein. Geschirr anziehen bedeutet später für ihn als Aktiven ein Kommando für Riesenspaß.

Leine: Bei verschiedenen Hundehaltern mit kleinen Tieren sehe ich das automatisch ausfahrbare Zugband. Für Nicht-Schlittenhunde ein Fehlerquell, weil kein maßhaltendes Bei-Fuß-Gehen beibehalten wird, sondern ein maßloses Herumlaufen, ohne daß der Hund in den Genuß des Freilaufens käme. Beim Schlittenhund halte ich dieses Rollband für angebracht, weil er nicht streng bei Fuß marschieren muß, ja nicht einmal soll. Dazu habe ich eine spezielle Meinung unter dem Kapitel Lernfähigkeit eines Filmstars geschrieben, im Kapitel »Multitalent Jed« (siehe Seite 18).

Auch ein Schlittenhund muß verkehrs- und gesellschaftsgerecht erzogen werden, wenn Sie mal in die Stadt müssen oder mit ihm nach dem Lauftraining schnell mal auf ein Weißbier gehen. Sie wissen schon. Auch Schlittenhundesportler kennen Biergärten. Aber eben nicht nur.

Wenn Sie an künftigen Schlittenhundesport denken (wenn Sie dies nicht tun, kaufen Sie sich lieber eine andere Rasse!), müssen Sie eine Gratwanderung beschreiten zwischen verkehrsgerechtem Gehen und der Animation zum Ziehen. Insofern halte ich eine Roll-Leine für angebracht.

Auch zur lebenserhaltenden Verkehrserziehung (Achtung vor vorbeifahrenden Autos, vor anderen, wild kläffenden Hunden) halte ich eine Ausbildungsleine mit Verstellbarkeit auf 1,80 Meter für richtig. So können Sie ihren Hund in Ihrer Nähe halten. Wenn er wegzieht, rufen Sie ihn. Wenn er nicht freiwillig zurückkommt, zupfen Sie kurz an der Leine und verknüpfen das unmittelbar mit dem Befehl »Bei Fuß!«. Dann weiß er nach einigen erfolgreichen Übungen, was damit gemeint ist. Wenn Sie ständig an der Leine herumzerren, legt er sich erst recht ins Geschirr, wie ein Pferd. Dazu mehr im Kapitel »Erziehung«, Seite 45.

Pflegeutensilien: Von Hygiene spricht man in Schlittenhundekreisen nicht viel, weil die Schlittenhundler keinen empfindlichen Schoßhund wollen. Erde ist gesund, Schnee ist oberaffengeil, Wasser kühlt und Misthaufen sind ideale Spielplätze. Wir reden hier von Naturburschen und nicht von kurzhaarigen, urbanen Bettvorlegern.

Ihren Putzfimmel sind Sie rabiat los. Ein Hund macht Dreck, ein Schlittenhund macht viel Dreck. Also lassen Sie ihn so, den Hund. Sie verlieren den Kampf gegen den Schmutz sowieso. Ein nach ekligen Tagen selbsttrocknendes Fell wird ausgebürstet – fertig ist die Hautpflege. Ein natürlich gehaltener Hund leckt sich selbst sauber. Den unableckbaren Rest besorgen Sie.

Ansonsten brauchen Sie lediglich eine Zeckenzange und eine Krallenzange (Ihr Schlittenhund ist ja kein Asphaltgänger).

Pflege

Schlittenhunde gehören zu den pflegeleichten Rassen. Dennoch: Grundpflege hält gesund.

Sollten sich **Liegeschwielen** an den Ellbogen breitmachen (dann kann es zu Bakterienkulturen kommen), heißt es: Platzwechsel. Der Lagerplatz ist zu hart oder zu weich, die Unterlage ist zu rauh.

Flöhe oder Läuse sind eine andere widerliche Sache. Da hilft nur sorgfältige Massage mit einem rückfettenden Shampoo mit Wirkstoffen gegen Parasiten. Hunde haben eine andere Hautkonstruktion als Menschen. Ihr Zoofachhändler oder Tierarzt hat solche Waschmittel. Am besten ist es für Ihren Hund freilich, wenn Sie ihn so selten wie möglich baden.

Zecken sind eine Plage für Hund und Mensch. Diese ekligen Parasiten befallen Naturburschen vom Frühjahr bis in den Spätsommer und sind nicht ungefährlich. Zeckenprofis unter Hundefachleuten machen es manuell: Sie drehen diese Minivampire gegen die Uhrzeigerrichtung und achten darauf, daß die Beißwerkzeuge am Kopf mit herausgedreht werden. Sonst entstehen Entzündungen, die besonders an gut durchbluteten Stellen nicht ungefährlich sind. Noch besser ist die Technik des Fingerrührens: Sie tippen mit dem Finger auf die Zecke und rühren sie in schnellen Kreisbewegungen dusselig und müssen sie nur noch wegzupfen. Eine feine Methode ist die mit einer Zeckenzange. Diese Konstruktion hält die Zecke fest und muß nur noch gedreht werden. Eine scharfe Pinzette kann das Falsche bewirken: Sie zwicken den Leib vom Kopf.

Frühere Methoden mit Parfüm, Öl oder ähnlichen Mitteln haben sich im Laufe der Zeckenentfernungstechnik als fatal erwiesen, weil sich diese Biester bei der ersten Betäubung noch schnell in die Haut verbeißen.

Es gibt auch Wirkstoffe, die am Hals- und Rutenansatz in die Haut eingerieben werden. Von dort verbreiten sie sich über den ganzen Körper. Nebenwirkungen: anfänglicher Juckreiz und teilweise Haarausfall. Mein Hund bewies: Es wirkt absolut, solange der Stoff wirkt.

Die Gefahr einer Infektion durch Zecken ist gerade bei Schlittenhunden, die sich mehr als andere Hunde im Freien bewegen, nun auch in Deutschland gegeben. Es traten schon Fälle mit stark erhöhten Blutwerten auf, die auf Eosinophilie schließen ließ. Eine Schutzimpfung wie in den USA ist in Deutschland noch nicht zugelassen.

Zahnpflege halten Sie bei einem Naturburschen für lächerlich? Seine Zähne nicht. Bei falscher Ernährung kann sich bei erwachsenen Hunden schnell Zahnstein bilden. Wie das ist, muß ich Ihnen nicht erklären, oder? Abhilfe schaffen zuckerfreie und harte Hundekuchen mit abschleifender Oberfläche oder Kauknochen, die dasselbe bewirken: Sie reinigen die Zahnoberflächen. Empfehlenswert sind die neuen Zahnputz-Pellets – zugleich eine Vollwertnahrung.

Die **Ohren** sind mit eingebauten Ohrenschützern gegen feuchtes

Den Luftdruck müssen Sie beim »Reifencheck« nicht prüfen, aber auf »Profilabrieb« und Steinchen.

Klima gewappnet. Zu dichtes Fell kann aber dafür sorgen, daß keine Luft mehr in die Gehörgänge gelangt. Also achten Sie bei der wöchentlichen Pflege auf Ohrenschmalz, das Sie vorsichtig und behutsam mit Wattestäbchen entfernen. Aber das ist bei der idealen Ohrkonstruktion von Schlittenhunden kein Problem.

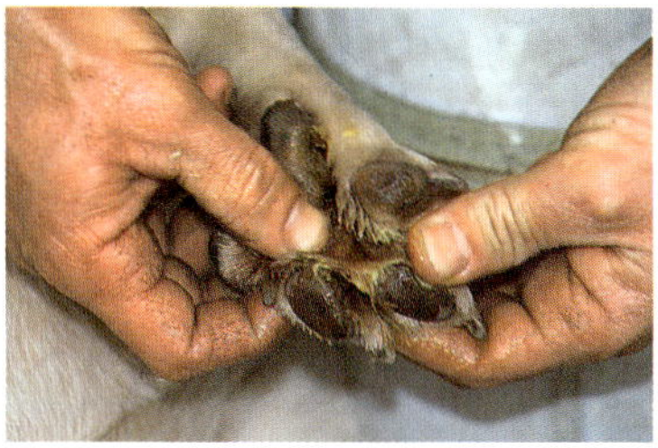

Das **Krallenschneiden** kommt nur auf Sie zu, wenn der Hund zuviel auf weichem Untergrund läuft. Also genau darauf, wo ein Schlittenhund hingehört. Asphalt schleift die Krallen ab, sein einziger Vorteil. Sie können sich von Ihrem Tierarzt mal zeigen lassen, wie weit sie schneiden dürfen. Dann besorgen Sie sich eine kräftige Krallenzange und knipsen nur soviel ab, daß keine Nerven oder Blutgefäße beschädigt werden. Man kann die Überlänge auch abfeilen.

Die **Pfoten** hingegen sind das wichtigste Utensil des Läufers. Sie werden beobachten, daß die Schlittenhundeführer nach jedem Rennen zuerst die Pfoten kontrollieren. Schlittenhunde sind so beinharte Läufer, daß sie sich bedenkenlos ihre Pfoten wundlaufen. Desinfektionsspray und Pfotenschutz-Pumpspray (ohne Treibgas) verhindern Schlimmeres und machen die Ballen wieder geschmeidig. Pumpsprays, Schrundensalbe oder Vaseline sind auch ein guter Schutz gegen Streusalz.

Schlittenhunde tragen bei widrigen Verhältnissen ihre eigenen Boots (siehe auch »Ausrüstung«, S. 75).

Ernährung

Ein »bissiges« Kapitel. Im Ernst: Ernährung gehört auch zur Hygiene und Pflege, denn ein gutes Futter läßt das Fell glänzen und hält den Hund von innen heraus fit. Mit einem guten Ernährungsplan reduzieren Sie Tierarztrechnungen; Veterinäre wiederum sind von Ermahnungen an Sie verschont.

Es gibt leider noch keinen fachlich fundierten Vergleichstest von Trokkennahrung und Feuchtfutter. So unüberlegt wie eine Illustrierte kann man nicht testen: Die Redakteure ließen Hunde an die Näpfe heran. Klar, die Hunde sind ausgebildete Ernährungswissenschaftler und Veterinärmediziner.

Im Ernst: Hunde können leicht mit Geschmackszusätzen verführt werden, ohne auch nur den Nährwert zu ermessen, den sie in ihrer jeweiligen Lebenssituation benötigen. Wenn viel und niedliche Werbung gemacht wird, heißt das noch lange nicht, daß die Inhalte halten, was da so entzückend versprochen wird.

Ich rate Ihnen nur: Folgen Sie der Ernährungs-Empfehlung des Züchters, studieren Sie die Analysen auf den Verpackungen und fragen Sie nicht zuletzt einen Tierarzt. Bei Schlitten-, also Leistungshunden gilt: Das Beste ist gerade gut genug. Die Ausgewogenheit des Futters bringt einen gesunden Hund hervor.

Egal, ob Sie praktisches Trockenfutter (dem das Wasser entzogen wurde), das auch mit Wasser eingeweicht werden kann oder solches füttern, dem die Feuchtigkeit belassen wurde: Der Unterschied liegt einzig darin, daß Ihr Hund »trockengefüttert« mehr Wasser braucht.

Generell gilt: Sparen Sie beim Futter, dann geben Sie es beim Tierarzt wieder aus.

Welpen benötigen für ihr Wachstum eine andere Futterzusammenstellung als erwachsene Tiere; Leistungssportler wie tragende oder säugende Hündinnen benötigen ebenfalls eine andere als relativ untätige Tiere. Ein im Training stehender Schlittenhund braucht etwa 1300 Kalorien am Tag. Für Senioren und fette Tiere gibt es wiederum eine andere, grundsätzlich fettarme Zusammenstellung.

Qualitäts-Komplettfutter hat gegenüber eigenen Zusammenstellungen den Vorteil, daß bei Zusätzen nichts vergessen wird.

Bedarf

Die Angaben gelten für Trocken- und Feuchtfutter (bezogen auf die Trokkensubstanz).

Futter für Welpen von Leistungsrassen sollte enthalten:
Rohprotein 29 %
Rohfett 18 %
Rohfaser 4 %
Natrium 0,3 %

Erwachsene Hunde ohne Sporteinsatz maximal:
Rohprotein 26 %
Rohfett 16 %

Leistungshunde und tragende/säugende Hündinnen maximal:
Rohprotein 30 %
Rohfett 20 %

Ältere und übergewichtige Hunde maximal:
Rohprotein 18 %
Rohfett 7 %

Hersteller von Premiumfutter sind nach langen Forschungsjahren in Zusammenarbeit mit Tierärzten zur Erkenntnis gelangt, daß die frühere Fütterung den heutigen Erfordernissen nicht mehr genügt. Heute ist es wichtig, darauf zu achten, welches Futter die wenigsten Probleme verursacht. Viele unserer »modernen« Hunderassen vertragen bereits kein Rinder-, Hühner- oder Pferdefleisch, ohne unter Exzemen, Fellproblemen oder Verdauungsstörungen zu leiden.

Die Hersteller von gutem Futter haben auch erkannt, daß zu hohe Proteinwerte Langzeitschäden hervorrufen können. Achten Sie darauf, daß als Konservierungsmittel nur Vitamin E und C verwendet wurde!

Gutes Futter können Sie an der Qualität des Kotes erkennen. Er sollte nicht zu dünnflüssig, nicht knochenhart sein (auch durch zu viel Knochen, Knochen sind kein Ersatz für eine vollwertige Ernährung), sondern mit fester Konsistenz. Die Kotmenge ist bei gutem Futter so klein wie nötig. Das heißt: Ihr Hund »verbrennt« ökonomisch. Gegenüber dürftigem Futter ist der Unterschied erheblich. In diesem Fall »scheißt der Hund mehr als er frißt«, um es drastisch, aber deutlich auszudrücken.

Prof. Dr. Helmut Meyer schreibt in seinem Buch »Ernährung des Hundes«: »Die Ernährung der Schlittenhunde muß so gestaltet werden, daß einerseits hohe Energiemengen ohne Schwierigkeiten aufgenommen werden können, andererseits aber eine rasche Energiemobilisierung möglich ist. Dazu sind fettreiche Rationen besonders geeignet. Die Vorstellung, daß kohlenhydratreiche Futtermittel von Vorteil seien, ist falsch.«

Gefühlsmaßstab: Ein Hund ist dann idealgewichtig, wenn man die Rippen nicht mehr sieht, aber noch ertasten kann.

Welpenfütterung

Die Futtermenge ist bei Welpen so zu portionieren, daß er bis zum Alter von drei Monaten viermal pro Tag zu festen Zeiten Futter bekommt. Und zwar soviel, wie er innerhalb einer Viertelstunde zügig frißt. Läßt er Reste in der Schüssel, verdirbt das Feuchtfutter schnell, und er gewöhnt sich das Schlecken an. Deshalb leeren und waschen Sie die Schüssel aus.

Ab vier Monaten geht so langsam der Zahnwechsel los, und der Hund scheint zu explodieren. Er braucht und sucht sich mehr zum Kauen und Nagen als vorher. Hier schaffen Kauknochen Abhilfe.

Sie füttern ihn nun bis zum sechsten Monat dreimal am Tag. Ab dann bis zu einem guten Jahr zweimal.

Diese Feinabstimmung verhindert, daß der Welpe bei einer einzigen, riesigen Mahlzeit später eine Magendrehung bekommt. Ich empfehle daher auch bei mittelgroßen erwachsenen Tieren, die tägliche Portion auf zwei Mahlzeiten zu verteilen. Die Zeiten legen im Grund Sie fest; es müssen nur immer dieselben sein, sonst können Sie seinen Stoffwechsel nicht richtig terminieren.

Snacks und sonstige Leckerle sind nur insofern »gesund«, als sie dem Lob dienen (aber nicht Ihrer emotionalen Befriedigung: »Guck mal, schaut er nicht süß zu mir her!«).

Ohne Wasser geht gar nichts. Ihr Hund kann einen Tag ohne Futter auskommen, aber keinen ohne frisches Wasser.

Was nicht füttern?

Für Unbedarfte, die ganz neu ins Hundeleben treten: Milch führt ab, Hühnerbeine führen zu inneren Verletzungen durch Knochensplitter und zu Erstickungen. Schokolade und gewürzte Essensreste sind absolut tabu. Obst, Brot (aber keine Brezeln), gekochte Kartoffeln, Reis, Nudeln und Quark als Beigabe sind empfehlenswert.

Knochen sind kein Ersatz für Hundenahrung. Im Gegenteil. Sie sind Parasiten- und Virenträger und verstopfen nur.

Füttern Sie niemals rohes Schweinefleisch und rohes Eiweiß. Ich gehe soweit, generell von rohem Fleisch abzuraten.

Besonders rohes Schweinefleisch ist strikt verboten. Darin können Aujeszky-Viren enthalten sein, und diese Infektion ist tödlich.

Haltern von Hunde-Spitzensportlern, die an Renntagen locker 1300 Kalorien verbrennen, rate ich zu einer Mixtur, die vom Züchter oder Musher zu erfahren ist. Da hat jeder seine Geheimnisse.

Ein amerikanischer Formel-1-Musher setzt den »Rennbrennstoff« für seine Hunde so zusammen:
»Charlie's Race Diet«, Portion für einen Hund:

Je 30 % Rind- und Hühnerfleisch
20 % Leber
15 % handelsübliches Trockenfutter
5 % Eier (hoffentlich gekocht!)
1 Eßlöffel Bohnenmehl, je eine halbe Tasse Weizenkeimöl und Maisöl.

Ein Züchter von Grönlandhunden gibt seinen Hunden vor dem Start sogar Ovomaltine. Ein anderer Musher verfüttert Lachsköpfe und Walroßspeck (in Sibirien gibt's kein Premium-Trockenfutter).

Erfreulich zu beobachten ist, daß ich bisher noch keinen fetten Schlittenhund gesehen habe. Das spricht vor allem für die Halter.

»Alle mal herhören!« Sicht- und Hörzeichen gehören zur Kindergarten-Ausbildung.

Erziehung

Sie übernehmen ab dem ersten Tag, den der Welpe bei Ihnen verbringt, die Rolle Arnold Schwarzeneggers als Kindergarten-Cop. Von den ersten konsequenten Handlungen, die das Stoffwechseln (nett gesagt für diesen Mief, an den Sie sich schnell gewöhnen) und seinen Platz betreffen, habe ich schon im Kapitel der »Gewöhnung und Haltung« gesprochen. Wenn Sie nur konsequent genug sind! Das ist *Ihr* Problem, Ihr Welpe tut nur das, was Sie ihm gestatten oder durchgehen lassen. Es ist eine harte Zeit für Sie. Nicht für ihn, er spielt mit (Ihnen).

Der Welpe soll auf einen prägnanten Namen reagieren, den er nicht mit jemand oder etwas anderem verwechselt. Sie gehen am besten so vor, und das gilt für alle Kommandos:

- Aufmerksamkeit erregen (durch Händeklatschen, Spielzeug zeigen usw.).
- Seinen Namen mit normaler Stimmlage rufen.
- Kommt er zu Ihnen, loben Sie ihn über alle Maßen.

Das Prinzip der Hör- und Sichtzeichen beruht auf der Verknüpfung des Kommandos mit der erwünschten Tätigkeit. Das ist das ganze Geheimnis. Beispiel: Warten Sie ab, bis er Sie ohnehin ansieht. (Ist er abgelenkt, sinken Ihre Chancen.) Dann rufen Sie ihn mit seinem Namen, sagen ruhig, aber bestimmt: »Komm, hier«. Wenn er nur zögerlich zu Ihnen hertrottet oder sich ablenken läßt, feuern Sie ihn mit motivierender Stimme an: »Ja, so ist gut« oder »Brav«. Beim Eintreffen am Ziel wird er überschwenglich gelobt. Damit verknüpft er unmittelbar: »Ist prima, wenn ich tue, was mein Gott sagt! Mach' ich gerne!«

Ist Ihre Stimme gereizt, wenn Sie etwa Angst um ihn haben, dann ist der Welpe nicht so dumm, auf die böse Stimme noch zu folgen. Es könnte das Gegenteil von Lob bedeuten. Sie müssen also schauspielern.

Läuft er von Ihnen weg, dann rennen Sie unter Erregung aller Aufmerksamkeit in die entgegengesetzte Richtung. Nie nachlaufen, denn das empfindet er als Fangspiel, wobei er meist gewinnt. Vergessen Sie das Loben nicht, wenn er bei Ihnen angelangt ist, wann immer das auch sein mag! Denken Sie an seine computerartige Verknüpfung: Befehl wird ausgeführt, dann gibt's eine Erfolgsmeldung (Belohnung).

Das Verknüpfen geht richtig so vor sich: Erst Aufmerksamkeit erregen durch Anrufen, dann klar und deutlich das Kommando erteilen. Bei Erfolg sofort loben.

Falsch, beziehungsweise erfolglos ist: Befehl erteilen, mehrmals wiederholen, lauter werden und schimpfen, bis er dann doch tut, was Sie wollten.

Verbote wie »Nein!« wirken genauso: Wenn Sie seine Aktionen erst einmal kennen, müssen Sie sein Vorhaben *im Ansatz* verbieten. Nicht erst, wenn er die Missetat schon begangen hat. In diesem letzten Fall würde er keine Verknüpfung mehr herstellen können.

Da auch der beste Ausbilder Fehler macht, müssen Sie Ihre Fehler korrigieren, oft wieder von vorn mit den Kommandos beginnen. Ihr größtes Ziel: Hundelogisch vorgehen, keine Signale durcheinanderbringen, vor allem keine Befehle hintereinander wiederholen wie etwa: »Komm her! Komm schon her! Kommst du hierher!« Das sind schon für einen unerfahrenen Lehrling drei verschiedene Befehle, von denen er keinen ausführen wird.

Die Reihenfolge bestimmt den Erfolg: Erst den Namen aufrufen, damit er weiß, daß nur er gemeint ist. Dann der Befehl (der nicht gebrüllt werden muß) wie »Komm her!«, »Steh!«, »Sitz!«, »Platz!«. Sie können ihm jeden Befehl in jeder Sprache erteilen, als künftiger Rennsportler am besten gleich im Fachjargon (siehe Seite 93). Ihr Hund muß nur wissen, welcher Befehl für welche Tätigkeit gilt.

Grundsätzlich passen Sie auf, bis er versucht, ein Verbot zu umgehen. Dann geben Sie das Verbotssignal mit schärferer Stimme, was ideal wie ein Knurren klingt. Wenn dieses Hörzeichen von Umstehenden mit Gelächter oder Unverständnis geahndet wird: Es ist *Ihr* Hund. Er soll Sie mit seiner Logik verstehen. Mit diesem Lehrplan haben Sie am meisten Schwierigkeiten, denn er fordert von ihnen eine computerartige Konsequenz.

Nochmal: Wenn Sie sauer auf ihn sind oder Angst zeigen und dabei Ihre Stimme erheben, wird er als intelligenter Hund einen Teufel tun, herzukommen. Er holt sich doch keine Strafe ab, selbst, wenn er folgen wollte! Also korrigieren Sie sich und senken Ihre Stimme, damit er weiß: Es passiert mir nichts, ich werde immer gelobt, wenn ich folge.

Sitz!

Er soll immer den gleichen Standort einnehmen. Sie haben ihn mit der locker gehaltenen Leine zum Beispiel an Ihrer linken Seite, halten die Leine mit der rechten Hand. Nie an der Leine zerren. Sie nicht! Die neue Aufgabe soll ihm so angenehm wie möglich gemacht werden.

Sie rufen seinen Namen und halten die Leine in dem Moment straff, damit der Kopf oben bleibt und er sich nicht hinlegt. Gleichzeitig rufen Sie den neuen Befehl »Sitz!« und drücken ihn am Hinterteil sanft, aber bestimmt so lange runter, bis er sitzt. Dann bekommt er süßliche Töne von Ihnen zu hören und außerdem ein Leckerle.

Das üben Sie so lange, bis er es ohne Nachhilfe kann. Halten Sie dabei nur die Leine etwas straff, damit er sich nicht ablegt. Üben Sie nur drei- oder viermal. Wenn es noch nicht klappt, unterbrechen Sie, lenken ihn ab und beginnen wieder. Überfordern Sie den Kleinen nicht. Aber wenn Sie ruhig und konsequent vorgehen, lernt er schnell.

Plazieren Sie aber Ihren Befehl dann, wenn er bereits liegt, ist es zu spät. Lockern – und noch einmal.

Platz!

Sie gehen vor wie beim Sitzen. Nun lassen Sie die Leine, diesmal in der Linken, etwas lockerer, aber nur so viel, daß er sich nicht sofort zum Bauchkraulen auf den Rücken legt. Dann greifen Sie mit der rechten Hand unter die Vorderläufe und heben sie leicht an, damit er mit dem Befehl »Platz!« niedersinkt. Streicheln Sie ihn drückend über den Rücken, damit Sie sein Aufspringen verhindern.

Wechseln Sie die Übungen ab, damit der Unterricht spannend bleibt. Danach darf er sich austoben: Kindergarten-Pause.

Wenn er als Jungspund seine Jagdleidenschaft entdeckt oder mit Artgenossen spielen will, und Sie wollen das nicht: Pech gehabt! Er hat momentan Wichtigeres zu tun. Es hat keinen Sinn, ihn anzusprechen. Er würde Ihren Befehl nicht verknüpfen wollen. Er möchte mit seinen Artgenossen spielen, weil er den Kontakt aus dem früheren Wurflager vermißt. Er möchte Anschluß ans Rudel halten.

Aber es kann erfolgreich sein, wenn er gerade zu Ihnen herüberschaut. Dann springen Sie eilig weg – in die Gegenrichtung. Vielleicht zieht er es doch vor, *Ihnen* zu folgen. Sie müssen ihn aber dazu verführen. Am besten mit einem Leckerle und bei Erfolg mit einem außergewöhnlichen Lob.

Es sind Ihre Grundschulregeln, denen er folgt. Und diese Regeln können Sie ausbauen, wie es der Veranlagung eines Schlittenhundes entspricht. Die Ausrede: »Ein Schlittenhund muß das nicht können!« gilt nur dann, wenn es um Ausbildungsmethoden geht, die seinem Wesen ganz und gar nicht entsprechen, also Wach- und Schutzdienstaufgaben.

Wenn Ihr Hund unter die Räder gekommen ist, weil er Ihnen nicht folgte, haben Sie als Schullehrer die Hausaufgaben nicht gemacht. Wenn Sie die Möglichkeit hatten, einem Wolfsvater mal bei seinem Unterricht zuzuschauen, werden Sie mir gerne glauben.

»Was Vater macht, muß für irgendwas gut sein …« Er markiert sein Revier. Der Kleine lernt durch Abgucken.

Erziehung im Wolfsrudel

Ich habe einem Wolfsvater zuschauen dürfen (mit Fernglas): Er eröffnete die Unterrichtsstunde mit einem uralten, abgelegten Knochen. Die Schüler, etwa drei Monate alt, sprangen erfreut auf das neue Spielzeug und den Lehrer zu. Der Alte ließ den Knochen fallen. Sogleich wollten sich die Kids auf das Lehrmaterial stürzen.

Da knurrte der alte Herr. Die Kids zuckten zurück, berieten sich aufgeregt: Was ist mit dem Alten los?

Dann schnappte der Patron den Knochen, trug ihn einen Meter fort und drehte sich scheinheilig um. Der Tapferste der Kids zog einen weiteren Neugierigen mit und schlich sich an den Knochen heran. Fast hätte der Kleine ihn gepackt, da fuhr der Alte fuchsteufelswild herum. Die beiden flohen kreischend.

Der Alte schnappte sich den Knochen, trug ihn ein bißchen herum unter Kontrolle seiner Schüler, die sich hinter einem Baumstumpf versteckten. Dann tat Lehrer Wolf so, als würde er sich langweilen und legte sich mit dem Hintern zum Knochen. Es dauerte ein wenig, bis sich zwei Kids, den Bauch am Boden, langsam in die Nähe des Knochens aufmachten.

Sie kamen nicht ans Ziel: Der Alte brauchte nur herumzugucken, schon waren die Kleinen wieder kreischend hinterm Baum.

Der Lehrer verließ das Klassenzimmer, und keiner der Schüler traute sich auch nur in die Nähe des fürchterlichen Knochens. Ein guter Lehrer. Wenn der künftig ein Verbot ausspricht, und das tut er verdammt konsequent und streng, dann schützt er seine Kids vor Gefahren.

Perfekt sitzende Hörzeichen (egal, wie sie lauten, für jeden Befehl nur eines, das Ihr Hund versteht), sind auch für den späteren Schlittenhundsport die Basis für blindes Verständnis.

Ich bin ein Anhänger der überzeugenden, motivierenden Erziehung, die ich Ausbildung nenne. Eine harte Hand macht den Hund nervös, irritiert ihn, macht ihn lustlos und devot. Zu weiche, falsche Töne zum falschen Zeitpunkt lassen ihn dagegen renitent werden. Sie müssen also in jeder Situation sein Boß bleiben. Sonst schwingt *er* sich eines Tages dazu auf.

Krankheiten

Ein erfreuliches Kapitel bei Schlittenhunden. Wie die Broschüre des Clubs für Nordische Hunde betont, handelt es sich bei dieser Rassegruppierung um besonders robuste Hunde – wenn es die Zuchtbestimmungen und die Züchter zulassen.

Bis jetzt sind Schlittenhunde von den Krankheiten anderer, überzüchteter Rassen weitgehend verschont geblieben. Hüftgelenksmißbildungen (Dysplasie), Augenlid-Fehlstellungen wie Entropium und Ektropium durch fatale Schönheitsideale, Haut- und Fellerkrankungen durch Überlänge und fehlende Unterwolle, Gewichtsprobleme kennen die Züchter meist nur von anderen Rassen. Das liegt zum einen am natürlichen Körperbau und an der angeborenen Konstitution, zum anderen an der sportlichen Beschäftigung und Haltung dieser Hunderassengruppe.

Die Gefahr des Siberian Huskies, zum Modehund degeneriert zu werden, ist groß. Daher auch die Chance, durch unkontrollierte und unfachmännische Vermehrung von den erwähnten Krankheiten befallen zu werden.

Die beste Gesundheitsvorsorge ist die ausgewogene und bestmögliche Ernährung, Sauberhalten und viel Bewegung (siehe auch Kapitel »Haltung und Pflege«, S. 21). Der Befall mit Endo- und Ektoparasiten (Würmer und Läuse, Flöhe, Zecken, Milben) wird damit weitgehend ausgeschaltet.

Würmer

Würmer sind bei Hunden, die viel in der Natur herumschnüffeln, ein besonders hartnäckiges Kapitel. Ein Befall mit Spul-, Haken- oder Bandwürmern ist gerade bei Outdoor-Hunden häufiger als bei Stadthunden. Deshalb ist nach der vom Züchter verabreichten zweiten Entwurmung alle sechs Monate eine weitere dringend anzuraten. Lassen Sie Ihren Hund vom Tierarzt auf Wurmbefall kontrollieren!

Vorsorge können Sie treffen, indem Sie seine Geschäfte an seinen Aufenthaltsräumen rasch entfernen, seine Lagerplätze regelmäßig reinigen, Trink- und Freßnäpfe säubern, kein rohes Fleisch füttern, Flöhe gründlich bekämpfen und verhindern, daß der Hund gefundene Kadaver oder Kot frißt.

Darminfektion

Leider kommt eine neue Infektionskrankheit auf die Hunde zu, die Staupe und Parvovirose ähnelt. Ansteckungsplätze sind Hundetreffs auf engstem Raum: Ein vermeintlich nur in den Tropen vorkommender Darmparasit, die *Giardia lamblia*, ist auch hierzulande für unsere Hunde gefährlich. Kotproben in deutschen Städten bewiesen es jüngst. Der Parasit lebt im Darm von Menschen, Hunden, Katzen und anderen Tieren. Selbst in getrocknetem Kot überlebt der Parasit lange. Übertragen wird er durch Schmierinfektion (Staub, Nahrung). Also ist es erforderlich, Kot nicht nur auf der Straße, sondern auch im eigenen Garten unmittelbar zu entfernen. Denn auch Menschen sind ansteckungsgefährdet.

Hygiene

Hunde sind selbst durchaus reinliche Tiere, entgegen einiger Sprichwörter. Ich mag Sie nicht davon abhalten, daß Ihr Hund Ihnen ein Küßchen gibt, wenn es beim Schnauzenkontakt bleibt. Denn das ist die wichtigste Begrüßungszeremonie bei einem Hund. Da Sie sein Oberhund sind, versucht er es ganz logisch auch bei Ihnen.

Dies ist meine persönliche Meinung und Erfahrung, weil Stadtmenschen durch übertriebene Hygiene oft hysterisch auf solche Kontakte reagieren. Ich meine, daß es in unserer Umwelt giftigere Substanzen gibt als eine Hundeschnauze, wenn sie nicht gerade in… Sie wissen, was ich meine.

Impfungen

Wenn hier etwas über geradezu sträflich gehandhabte Impfpraktiken einiger unbelehrbarer Tierärzte oder jener, die glauben, sich nicht weiterbilden zu müssen, geschrieben wird, dann gehörte dies auch in die Rubrik »Rechte und Pflichten«. Da werden Hunde sogenannter guter Züchter von Tierärzten zu früh gegen Staupe geimpft, wo der Immunschutz kaum wirkt, vor allem nicht lange anhält. Da wird sogar dieser oder jener Schutz vergessen, weil manche Ärzte mit der verschwunden geglaubten Staupe nicht mehr rechnen. Aber es gibt sie immer noch: die gefährliche Staupe in ihren tückischen Varianten. Manche Veterinäre erkennen eine Staupe nicht einmal mehr.

Impfplan

6–8 Wochen: Parvovirose, Zwingerhusten
8–10 Wochen: Staupe, HCC, Leptospirose
10–12 Wochen: Parvovirose, Zwingerhusten
12–14 Wochen: Staupe, HCC, Leptospirose, Tollwut
Jährliche Wiederholung: Leptospirose, Parvovirose, Zwingerhusten, Tollwut
Wiederholung alle 1–2 Jahre: Staupe, HCC

Zähne

Glauben Sie nicht, daß diese prächtigen, weißen Gebisse von jeglicher Krankheit verschont bleiben. Falsche Ernährung und Bakterienbildung ist nur eine von mehreren Ursachen. Etwas Schutz gegen Zahnstein bietet die Verwendung von rauhem Trockenfutter oder Kauknochen. Nötigenfalls muß der Tierarzt den Zahnstein entfernen.

Ohren

Bei den reinrassigen Schlittenhundohren ist von ihrer Beschaffenheit her für genügend Frischluft gesorgt. Ohrmilben setzen sich freilich gerne bei dichtem Fell dort fest. Sie merken es, wenn sich der Hund mehr als sonst kratzt oder gar den Kopf schüttelt.

Zeckeninfektionen

Die Zecken sind zwar im Kapitel Pflege beschrieben, aber nicht deren Gefahr. Richtig, denn mit Kopf entfernt sind sie keine große Gefahr. Die Hautentzündung ist gering. Manche Zecken übertragen jedoch Krankheiten auf den Menschen, im schlimmsten Fall die Hirnhautentzündung (Frühsommer-Encephalo-Meningitis). Der Hund selbst kann sich durch einen Zeckenbiß Borreliose einhandeln, die bis zu schweren Gelenk- und Nervenkrankheiten führt. Die Vorsorge ist bei der Pflege beschrieben.

Haut

Hautpilzerkrankungen sind hochgradig ansteckend. Sie werden auch auf andere Lebewesen übertragen. Die Anzeichen dieser Infektion sind unterschiedlich, also schwer zu entdecken. Juckreiz muß dabei nicht vorkommen.

Infektionskrankheiten

Bekannten Infektionskrankheiten wird meist durch einen gezielten und altersgerechten Impfschutz vorgebeugt.

Staupe: Leider tritt diese oft tödlich verlaufende Infektion wieder häufiger auf – besonders durch aus dem Osten Europas importierte Hunde. Sie kam bislang nur noch selten vor, meist bei ungeimpften oder falsch geimpften Hunden. Eine Ansteckung des Hundes geschieht über Maul oder Nase. Der »normale« Verlauf: Nach drei bis sechs Tagen tritt Fieber auf. Später greift das Virus Verdauungs- und Atmungsorgane an, die Augen (wäßrig), die Haut (Fellausfall) und im tödlichen Fall das Nervensystem.

Hepatitis: Die ansteckende Leberentzündung tritt ebenfalls nur noch selten auf. Das Virus wird, außer durch Kontakt mit infizierten Gegenständen, hauptsächlich durch Speichel, Harn oder Kot übertragen. Symptome sind Fieber, Mandelentzündung mit Lymphknotenschwellung, starke Bauchschmerzen, Lungenentzündung und Störung des zentralen Nervensystems. Die befallenen Hunde können auch ohne sichtbare Anzeichen innerhalb weniger Stunden sterben.

Leptospirose: Die Bakterien werden von befallenen Tieren mit dem Harn ausgeschieden und halten sich in feuchten Böden sehr lange. Auch Menschen können sich damit anstecken. Die Leptospiren werden über die Schleimhäute des Verdauungsapparates aufgenommen und rufen leichte, fiebrige Erkrankungen bis zu schwersten Leber- und Nierenschäden hervor.

Parvovirose: Der relativ neue Erreger wird von erkrankten Tieren massiv mit dem Kot ausgeschieden und bleibt in der Umgebung lange lebensfähig. Typische Ansteckungsquellen sind mit Kot beschmutztes Futter und Gegenstände wie Kleider. Der

Krankheitsverlauf zeichnet sich 14 Tage nach Befall durch wäßrigen bis blutigen Durchfall und Erbrechen ab. Dadurch wird die Darmschleimhaut zerstört; diese Tiere trocknen schnell aus (dehydrieren) und müssen elend sterben.

Tollwut: Das ist immer noch eine der gefährlichsten Krankheiten (auch für den Menschen). Die Tollwut ist zwar eingedämmt, aber nicht ausgerottet. Ein erkranktes Tier ist unheilbar. Die Tollwut wird von Wildtieren – durch Speichel oder Biß übertragen. Anzeichen: Heute zeigen sich die Symptome anders als früher, wo der Hund sich eben wie toll gebärdete. Infizierte Tiere verhalten sich eine Zeit lang ganz normal, durchaus ruhig. Erst nach Wochen und Monaten kann es zu klinischen Symptomen kommen wie Juckreiz, Speichelfluß, Unruhe und Beißwut.

Zwingerhusten: Ansteckungsherde sind meist dort, wo sich viele Hunde treffen (Ausstellung in kalten, zugigen Hallen; Hundeplätze; Tierheime). Nicht nur im Zwinger gehaltene Hunde können diese Krankheit durch Bakterien und Viren bekommen, auch in der Wohnung gehaltene. Kehlkopf, Luftröhre und Bronchien entzünden sich. Meist sind alle anwesenden Hunde angesteckt. Anzeichen: anfallartiger, trockener Husten, meist klarer Nasenausfluß und Mandelentzündung. Vorbeugung und Behandlung: Die Hunde brauchen absolute Ruhe und müssen von anderen Tieren getrennt werden. Die Luft sollte warm, aber nicht zu stickig und trocken sein. Der Hund ist vor Bodenkälte und vor allem vor Zugluft zu schützen.

Vergiftungen

Eine vielfach unterschätzte Gefahr für junge Hunde ist der Hausputz. Gifte in Putzmitteln können zu Krankheiten führen. Möglich sind Fellausfall, Pfotenverbrennungen, Krebsgefahr, Lähmungen durch Chemikalien, die beim Teppich- oder Fußbodenreinigen oder Fensterputzen austreten. Auch Insektengifte oder Holzschutzmittel bilden eine latente Gefahr für Hunde. Tip von Hausmann zu Hausfrau: Reinigen Sie Ihren Teppich mit Sauerkraut. Die darin enthaltene Milchsäure sorgt für natürliche Reinigung.

Reisekrankheit

Es gibt noch eine Krankheit, die freilich durch Angst hervorgerufen wird: die Reisekrankheit. Hecheln, Erbrechen, mindestens Unruhe sind die Symptome. Grundsätzlich sollte ein Hund nur nüchtern im Fahrzeug mitreisen. Pausen sind unerläßlich. Nur in besonderen Fällen sollte ein reiseempfindlicher Hund mit Beruhigungsmitteln (nur vom Tierarzt) reisefähig gemacht werden.

Überhitzung

Noch wichtiger ist eine merkliche Luftzufuhr (kein Zug, sonst entzündet sich die Augenbindehaut), denn die erzürnenden Schlagzeilen wie »Hitzetod eines Hundes, weil der Besitzer den Wagen verschlossen hatte und vergnügt im Baggersee planschte« sind wohl jedem geläufig.

Langes Warten in modernen Autos, deren Scheiben flachgestellt und somit der Sonneneinwirkung stark ausgesetzt sind, bedeutet für Hunde eine Höllenqual. Bedenken Sie beim Abstellen des Autos die Sonnenwanderung, suchen Sie schattige Plätze aus, sorgen Sie auch bei kurzer Wartezeit für Luftdurchsatz oder montieren Sie Lüftungsgitter. Fahren Sie ohnehin nur in Notfällen bei heißem Wetter mit dem Hund. Im Sommer können locker bis zu 70 Grad im Wageninnern erreicht werden. Verlegen Sie in dieser Zeit auch die Spaziergänge in die frühen Morgenstunden und in den Abend, sonst kollabiert die Klimaanlage Ihres Hundes.

»Was haben denn die Nachbarn an Preisen gewonnen?« Wer mit seinen Hunden züchten will, stellt sie aus.

Vereinswesen

Wie schon erwähnt, ist der einzige Schlittenhund-Rassehundverein innerhalb des größten und sorgfältigsten Verbandes für das Deutsche Hundewesen (VDH) der Deutsche Club für Nordische Hunde (DCNH). Er betreut neben allen nordischen Gebrauchshunderassen auch die einzigen vier rassereinen Schlittenhunde, die ab Seite 58 beschrieben werden. Der DCNH organisiert auch Ausstellungen, in denen Schönheit und Wesen prämiert wird.

Der DCNH ist der international obersten Vereinigung, der FCI, über den Landesverband VDH angeschlossen. Nur vom DCNH erhalten Sie beim Erwerb eines Rasseschlittenhundes auch eine Abstammungsurkunde, die den Namen verdient. Die Zuchtwarte kontrollieren die angeschlossenen Züchter und deren Hunde. Die Rassehunde beziehungsweise deren Nachkommen sind dort registriert. Das ist für Ihre Kaufüberlegungen entscheidend, denn nur so erhalten Sie den Nachweis einer kontrollierten Zucht.

Der zweite (FCI- und VDH-freie) Schlittenhundverband ist einer, der sich keinem Schönheits-, sondern dem puren Leistungsideal verschworen hat. Der Deutsche Schlittenhund Sport Verband (DSSV) betreut Tiere, die nicht unbedingt dem Schönheitsempfinden der Halter und Zuchtrichter reinrassiger Hunde entsprechen. Die Art der beim Rennen eingesetzten Hunde bleibt dem Gespannlenker überlassen.

Bei diesem Verein gibt es keine Ausstellungen und daher keine Schönheitswettbewerbe. Ihre einzige Art, sich darzustellen, ist der Sport. Dort rennen sie allerdings in der Formel 1. Es ist also ein zwei- und vierbeiniger Sportlerverband.

Bei beiden Vereinen wird artgerechter Tierschutz großgeschrieben.

Die Adressen der Vereine und Rassebeauftragten sind dem Anhang zu entnehmen.

Zucht

Über die Auswahl von zuchttauglichen Elterntieren und vor allem die Aufzucht von Welpen könnte man ein eigenes Buch schreiben, wenn auch die Schlittenhunde als Naturburschen dabei nicht so hausgebunden behandelt werden müssen. Im Anhang sind neben anderen Büchern auch welche über die Zucht aufgeführt.

Ich beschränke mich hier nicht auf die Freude, mitanzusehen, wie Ihre Hündin zur Mutter von kleinen Wollknäueln wird, und auf die weniger gute Seite, daß Sie Ihr Haus nicht mehr für sich allein haben. Ich will Sie einfach informieren, was Sie als Anfänger-Züchter beachten sollten, um nicht als solcher zu gelten, der zu Recht als Dealer und damit verantwortungsloser Vermehrer gebrandmarkt wird.

Wichtig für die Hundezucht ist vor allem, daß Sie nicht darauf angewiesen sind, Hunde verkaufen zu müssen. Sie sollten sich vorher darüber im klaren sein, ob Sie mit eigenem Hundenachwuchs Schlittensport betreiben wollen, eine geeignete Aufzucht bieten können, genügend Zeit für die Hunde bis zum eventuellen Abgabealter erübrigen und die Kosten aufbringen können. Sie sollten schon Abnehmer in petto haben, damit Sie die Hunde nicht einem Beliebigen in die Hand drücken müssen, der keine Ahnung hat, welch ein Hundetyp ihn damit erwartet.

Andererseits ist es ein unvergeßliches Erlebnis, der Geburt der ersten Welpen zuschauen zu dürfen, wie sie die ersten Gehversuche unternehmen, wann sie ihre Augen öffnen und Ihnen am Finger lutschen. Und dann mit ein paar Wochen Ihren Terminplan und die Inneneinrichtung zerstören. Jeder Zeichentrickfilm im Fernsehen ist dagegen unrealistisch. Sie werden aus dem Lachen nicht mehr herauskommen und Tränen verdrücken, wenn Sie notfalls Abschied nehmen.

Dann erinnern Sie sich an den Kauf Ihres Elterntieres und an die Verantwortung, die der damalige Züchter auf sich nahm. Summa summarum wird das Ihr bester Aktivurlaub werden.

Elterntiere haben im Sinne des Tierschutzes (des lasch formulierten geschriebenen und des ungeschriebenen) gesund zu sein, frei von Erbkrankheiten. Vererbte Krankheiten verschlechtern die Rassezucht. Und sie verderben mittelfristig einen ursprünglich robusten Hundetyp. Aus einer Holzfällernatur wird ein vierbeiniger Hypochonder. Und genau dies wollten Sie ja mit der Wahl eines Schlittenhundes vermeiden.

Kinder hängen ihren Eltern am Hals. Für Menschen ist der erste Zuchtnachwuchs ein tierisches Vergnügen.

Als Züchter eines Rassehundes sollten Sie darauf Rücksicht nehmen, was Ihre Vorgänger für Arbeit hatten, diesen Hund zu dem zu machen, was er heute ist. Da gibt es beim DCNH respektive VDH Vorschriften. Wild drauflos züchten ist so verantwortungs- wie bedeutungslos. Ihre Hunde werden nicht als rassekonform akzeptiert. Das heißt: Ihre läufige Hündin muß vor einer zufälligen Belegung verhütet werden. Und die Hündin muß zur Zucht zugelassen sein. Der Vater des Wurfes muß angekört, das heißt vom Zuchtbeauftragten als zuchttauglich anerkannt sein.

Ich mache es hier kurz: Ausführliche Informationen und Ratschläge erteilen gerne erstens Ihr ehemaliger Züchter, zweitens der Zuchtwart des rasseführenden Vereins im VDH.

Alle VDH-Vereine kontrollieren vor Ort, ob Sie und die Haltung züchtertauglich sind. Sie kontrollieren die Gesundheit des Wurfs, den Sie beim Zuchtwart anmelden müssen. Der Wurf wird abgenommen und registriert. Dann erhalten Sie Abstammungsurkunden und eine Ahnung davon, wie Sie selbst als Käufer vor Ihrem Züchter standen. Jetzt wissen Sie, welche Mühe dahintersteckt, sollen die kleinen, robusten »Eisbären« gesund in glückliche Hände wie damals in die Ihren gelangen.

Wenn Sie Ihre Hündin von einem angekörten Rüden decken lassen, und das zu ihrer Schonung höchstens einmal im Jahr, dann ist es Sitte, vorher einen Preis auszuhandeln, der üblicherweise mit dem Verkaufspreis eines Welpen übereinstimmt. Es kann auch sein, daß der Besitzer des Rüden einen Welpen als Deckgebühr möchte. Auch über diese Formalitäten unterrichten der DCNH und der VDH.

Rechte und Pflichten

Es gibt Grundsätze, die über das Maß der geschriebenen hinausgehen. Ich meine die moralischen. Sie unterliegen nicht, wie die formulierten, der Selbstverständlichkeit von Tier- und Artenschutz. Sie haben Sorgfaltspflicht für ein Lebewesen. Dazu nur eine Leidensgeschichte, die ich aus einem gutgeführten Tierheim erfahren habe, als ich meinen Hund dort abholte:

Ein Möchtegern-Schlittenhundfan auf der Schwäbischen Alb hatte sich acht Huskies angeschafft. Plötzlich überkamen ihn andere Interessen und er flüchtete ins Ausland. Die Hunde waren alleingelassen. Die Pfleger wurden nach einigen Wochen von den Nachbarn dieses Tierschänders alarmiert und mußten die erwachsenen, völlig verschüchterten Tiere aus der Verwahrlosung befreien. Diese Hunde sind wahrscheinlich lange Zeit gestört. Aber sie hatten Glück im Unglück: alle kamen bei Tierfreunden unter.

Das Tierheim hält die neuen Besitzer übrigens dazu an, die Tiere artgerecht zu halten. Sie müssen unterschreiben, daß die Tiere bei Verstößen kostenlos abgenommen werden können. Viele Züchter halten im Kaufvertrag ein Rückkaufsrecht fest für den Fall, daß der Hund abgegeben werden soll. Nur – in der Praxis funktioniert das nicht. Dann wären viele Hunde wieder beim Züchter.

Daß Sie einen Hund von der Lebendigkeit und der Größe eines Schlittenhundes haftpflichtversichern, ist recht und billig und gesellschaftsfähig. Sie können Ihren Hund sogar krankenversichern.

Daß Sie Ihren Schlittenhund nicht auf andere Tiere hetzen, ist Ihre soziale Pflicht. Ihn auf Menschen zu

Wohlüberlegter Hundekauf ist der Beginn einer wunderbaren Freundschaft.

Für Musher und ihre Hunde ist Rennen keine lästige Pflicht, sondern Leidenschaft.

hetzen, dazu kommen Sie schon automatisch nicht in Versuchung, weil ein artgemäß aufgezogener Schlittenhund diesen asozialen Befehl schlichtweg ignoriert. Ein nicht zu unterschätzender Vorzug in unserer Massengesellschaft. Allein deswegen achte ich diese Hunde!

Ein Gerichtsurteil möchte ich kommentarlos weitergeben, da es die Rechte und Pflichten von Züchter und Käufer in eindrucksvoller Weise wiedergibt, was die Qualitätsanforderungen eines seriösen Züchters und dessen Kontrolle durch den rasseführenden Verein im VDH angeht.

Die Käuferin eines staupekranken Welpen klagte Auslagen beim Tierarzt und Prozeßkosten von insgesamt rund 2900 DM ein. Der verantwortliche Züchter hat nach diesem Urteil (AG Sinsheim, Aktenzeichen 1C686/93) die Kosten zu tragen. Die Begründung des Gerichts: »Der Beklagte ist der Klägerin wegen Fehlens einer zugesicherten Eigenschaft gem. § 463 BGB zum Schadensersatz verpflichtet.«

Der Hund war nicht ordnungsgemäß geimpft. Der Anwalt, der die Klägerin erfolgreich vertreten hatte, kommentiert dazu: Wie bei der Verwendung von Waren- und Gütezeichen geht der Geschäftsverkehr bei einem anerkannten Verband angeschlossenen Züchter davon aus, daß ein bestimmter Qualitätsstandard garantiert ist, weil sich der Züchter durch seine Mitgliedschaft den Statuten des Vereins unterworfen hat.

KAPITEL

5

Rassenkunde: Typologie der Spezialisten

Die Lieblingsbeschäftigung aller Schlittenhunde: laufen, was das Zeug hält.

Reinrassige

Allen typischen Schlittenhunden ist ihre einzige Passion auf den Leib geschrieben: Sie müssen Lasten ausdauernd und zügig bei widrigsten Klimaverhältnissen ohne Murren ziehen.

Über Hunderte von Jahren wurden die Tüchtigsten unter den nordischen Schlägen ausgewählt. Gerade weil die Völker der arktischen Gefilde keine »Schlappschwänze« gebrauchen konnten, blieben die härtesten Typen übrig, die dann erst relativ spät zu gleichmäßig gezüchteten Rassen erhoben wurden und den Numerus Clausus der Fédération Cynologique International schafften. Diese Selektion der »rassewürdigen Schlittenhunde« fand unter den härtesten Bedingungen statt.

In diesem Buch werden neben den vier reinen Rassen auch eine »Sportversion« vorgestellt und zwei Rassevertreter, die neben ihren anderen Jobs eben auch Schlitten ziehen können.

Die Beschreibung beruht auf den festgelegten Standards der FCI. Die Typen der vier anerkannten Schlittenhunderassen ähneln sich stark, das resultiert schon aus ihrer Aufgabenstellung. Um Wiederholungen zu vermeiden, erkläre ich hier nur die alphabetisch erste Rasse, den Alaskan Malamute, ausführlicher; die anderen nur mit den Merkmalen, die sie vom erstgenannten Typ unterscheiden.

Alaskan Malamute

Der Malamute, die größte und schwerste der Schlittenhundrassen, ist seit 1935 anerkannt. Seine Liebhaber nennen ihn gerne die »Güterzug-Lokomotive des Nordens«, weil die Geschichte von einem Hund, der eine Tonne auf dem Schlitten in Bewegung bringt, gern die Runde dreht.

Der Name stammt von einem Inuitvolk, das im nordwestlichen Alaska lebte. Die Bewohner, Jäger und Fischer im ewigen Eis, waren auf ihre vierbeinigen Mitarbeiter angewiesen.

Erst als die Europäer mit der Gaudi eines Schlittenhunderennens anfingen, liefen den Alaskan Malamutes die leichteren Huskies davon. Wenn es jedoch darum ging, schwere Lasten zu ziehen, waren sie gefragt.

Zur Unterscheidung zum Husky sei hier aufgezählt, daß der typische Malamute insgesamt einen schwereren Knochenbau aufweist, besonders am Schädel etwas derber gezeichnet ist. Sein Wesen ist ruhiger, gelassener als das seines temperamentvollen Verwandten Husky, entsprechend seiner Passion als Schwertransporter. Der Malamute ist aber beileibe kein Phlegmatiker, sondern einfach ein starker Typ.

Auszüge aus dem offiziellen FCI-

Der Alaskan Malamute ist der schwerste und größte aller reinrassigen Schlittenhunde.

Der Malamute-Kopf ist größer als der eines Huskys.

Rassestandard des Alaskan Malamute: Schulterhöhe zwischen 58,4 cm für Hündinnen und im Mittelmaß 63,5 cm für Rüden, Gewicht zwischen 34 und 38,5 kg.

Entscheidend ist für Zuchtrichter die Harmonie der Gesamterscheinung. Das heißt im Klartext, daß es auch etwas größere und schwerere Typen vom Malamute gibt, was in der Praxis oft vorkommt. Charakteristisch für Schlittenhunde (im Vergleich zu anderen Rassegruppen) ist die relativ leichte Winkelung der Hinterläufe und das Fell.

Das Fell ist – wie bei allen Schlittenhunden – ein dicker Schutzmantel aus rauhem Deckhaar und zwei bis fünf Zentimeter langer wolliger, öliger Unterwolle.

Das Deckhaar ist vornehmlich wolfsfarben, das heißt: Alle Farben sind beim Alaskan Malamute vertreten, von fast weiß über hellgrau bis schwarz bei schwarzer Gesichtsmaske. Vorherrschend sind Grauschattierungen mit weißen Abzeichen an Fang, Stirn (Fachjargon: Stop), Brust und Läufen sowie Rute. Als einzige einheitliche Farbe ist weiß zugelassen. Flecken oder ungleiche Abzeichen sind unerwünscht.

Die buschige Rute schützt vor Schneestürmen und »schwingt wie eine Schmuckfeder«, wie der Club für Nordische Hunde diese Rute so schön anschaulich beschreibt.

Der Grönlandhund ähnelt im Körperbau dem Malamute, er gilt als der urigste Typ.

Die Kopfgröße des Grönländers liegt zwischen Husky und Malamute.

Der Schädel ist massiger als der des Huskies, also breit, mit ordentlichem Stirnabsatz. Die Augen sollten durchschnittlich groß, mandelförmig und möglichst dunkelfarben sein.

Grönlandhund

Die auch heute noch verwilderten Hunde der Inuit auf Grönland haben zu arbeiten – im Winter. Im Sonner überläßt man sie sich selbst, bis zum Einfangen für die Winterarbeit. Entsprechend bunt war schon früher ihr Erscheinungsbild. Das hat sie bis heute zur wildesten, weil selbständigsten aller Rassen gemacht.

Der Polarforscher AMUNDSEN gewann seinen antarktischen Wettlauf zum Südpol nur dank Grönlandhunden, die in der Schnapszahl von 111 angetreten waren. Noch Fragen zur Härte eines Grönlandhundes?

Die Unterschiede zum Malamute: Er ist nach ihm der zweitgrößte Schlittenhund. Im Wesen ist der Grönlandhund grundsätzlich zwischen Malamute und Husky einzuordnen. Das Temperament entspricht jedoch eher einem Husky. Er ist ein außerordentlich harter, eigenwilliger, genügsamer Rüpel voller Kraft und Energie.

Er ist der unzivilisierteste unter den Schlittenhunden. Das ist als Auszeichnung gemeint. Diese Kraftpakete gehören in eine erfahrene Hand.

260 Grönlandhunde zogen in ihrer Heimat bei einem Rekord fürs Guinness-Buch 50 Sekunden lang einen Riesenschlitten (über 21 Meter lang, 1,75 Tonnen Leergewicht, darauf 90 Erwachsene und 13 Kinder) über 110,9 Meter, bis der Schlitten zu Bruch ging. Aber der Rekord steht.

Auszüge aus dem offiziellen Standard: Die Mindestgröße für Rüden beträgt 60 cm, für Hündinnen fünf cm weniger. Meist erreichen Rüden 63, Hündinnen 58 cm Schulterhöhe. Grönlandhunde können so schwer wie Malamutes werden. (Ich sah Malamute- und Grönland-Rüden, die über 40 kg wogen.) Der Knochenbau ist daher ausgesprochen kräftig, das Fell wie bei allen Schlittenhunden ein dichter Pelz mit wasserabstoßenden Grannen als Decke.

Alle Farbvariationen sind zugelassen, teilweise mit beigen, hellbraunen, orangefarbenen oder schwarzen Flecken. Der Schädel sollte nicht ganz so breit sein wie beim Malamute, der Stirnabsatz (Stop) weniger ausgeprägt.

Der Samojede ist kleiner als die vorgenannten und meist reinweiß.

Markenzeichen des Samojeden ist sein »lächelndes« Gesicht.

Samojede

Der namengebende Nomadenstamm zwischen dem europäischen und asiatischen Sibirien zog diesen ursprünglichen Torfspitz zu allen Arbeiten heran: als Rentierhüter, Jagdgehilfe und Lastenschlepper. Daß er von verschiedenen Laika-Schlägen (von Nachbarstämmen wie den Nenezekern oder Uraken) abstammt, sieht man ihm durch Reinzucht in Europa nicht mehr an.

Er gilt unter Schlittenhundlern nicht als der Schnellste, ist aber ebenso zuverlässig wenn es darum geht, schwere Schlitten zu ziehen.

Durch ihren Einsatz bei Polarforscher NANSEN wurden die Hunde in Zentraleuropa bekannt.

Der Samojede ist ein Gentleman im Vergleich zu den vorgenannten Burschen. Schauen Sie diesen wunderschönen schneeweißen Hund an, und Sie bestätigen, daß man ihn »Den-mit-dem-lächelnden-Gesicht« nennt.

Was wundert es, daß in den USA Santa Claus auf einem Schlitten zu den Kindern kommt, der von Samojeden gezogen wird.

Die offiziellen Daten (der amerikanische Kennel-Club schreibt zwar größere Hunde vor, aber wir halten uns an den europäischen FCI-Standard): Größe bei Rüden zwischen 51 und 56 cm, Gewicht maximal 30 kg bei Rüden; Hündinnen sind wie üblich etwas kleiner (zwischen 46 und 51 cm) und leichter.

Im Körperbau ähnelt der Samojede den anderen Schlittenhunderassen. Die Grundfarbe ist weiß. Erlaubt sind »biskuitfarbene« Abzeichen im Weiß oder ein Spritzer Sahnegelb. Rüden zeichnet oft eine stärkere Mähne aus. Die Pigmentierung von Nase, Lefzen, Augenumrandung und Ballen ist das Gegenteil: schwarz. Blaue Augen gelten hier als Fehler.

Zur Beschaffenheit des Fells gilt dasselbe wie bei allen Schlittenhundrassen: praktisch für die herbe Jahreszeit. Der Samojede leidet wegen seiner hellen Fellpigmentierung nicht so sehr unter Hitze wie zum Beispiel ein schwarzes Dickfell.

Siberian Husky

Wenn wir schon von Lokomotiven reden: Der Husky ist der ICE. An diesem populärsten aller Schlittenhunde täuscht nichts, außer sein Name.

Ähnlich wie der Samojede stammt er sicherlich von sibirischen Laikas ab. Handelsbeziehungen der Tschuktschen mit Alaskanern brachten auch diese Hunde über die Beringsee, bevor die US-Amerikaner den Russen Alaska zu einem Spottpreis abkauften. Der sibirische Husky emigrierte also zwangsläufig in die USA, später nach Kanada. Europäische Wintersportler brachten den Hund nach Europa. Der Name Husky ist eine Verfremdung des Slangs »Esky« für Eskimo (Fleischfresser).

Der Siberian Husky, das »Ideal«.

Der Kopf des Siberian Huskys ist feiner gemeißelt als der des Malamute.

Zur Geschichte der Huskies sei hier nur so viel vor dem Sportkapitel verraten: Als in Alaska einige Musher (so nennt man die Schlittenhundeführer) auftauchten, die kleinere Hunde als die Ur-Malamutes ins Geschirr spannten, lachten sie die Besitzer der massiveren Malamutes aus. Das Lachen ist ihnen bald vergangen, denn die Huskies liefen ihnen davon, weil sie leichter und damit schneller waren.

Die großen Legenden der Schlittenhunde lesen Sie bitte im Sportkapitel. Hier sei nur erwähnt, daß der Urtyp des schnellen Schlittenhundes von seinen »Erfindern« wie GEORGE KENNEN schon vor 80 Jahren wie folgt gelobt wurde: »Es gibt wahrscheinlich kein widerstandsfähigeres und ausdauernderes Tier in der Welt. Man mag sich gezwungen sehen, diese Hunde bei minus 50 °C draußen schlafen zu lassen, schwere Lasten ziehen zu lassen, bis die Pfoten wund werden und den Schnee blutrot färben, sie hungern zu lassen, bis sie ihr eigenes Geschirr auffressen. Aber ihre Stärke und ihr Wille sind unbeugsam.«

Auf den europäischen Rennpisten der reinrassigen Klassen ist der Siberian Husky heute noch der Schnellste.

Der Husky ist wie seine Kollegen ein Arbeits- und Rudeltier, ein ausdauernder Traber und neugieriger Jäger. Er ist die populärste unter den Schlittenhunderassen.

Die offiziellen Daten: Schulterhöhe bei Rüden zwischen 53 und 59 cm, bei Hündinnen zwischen 51 und 56 cm. Das Gewicht schwankt entsprechend von 16 bis 27 kg. Abweichungen sind gestattet, wenn der Hund nur dem Ideal der Zuchtrichter entspricht.

Der Husky ist filigraner gebaut als der Malamute und der Grönländer. Besonders das Gesicht ist feiner und ausgeprägter gezeichnet als beim Malamute. Autofachleute würden sagen: stabiler Leichtbau.

Die Fellfarben variieren von reinweiß bis rotbraun und schwarz mit allen Zwischenstufen, eben eine Wolfskittel-Farbpalette. Beliebt sind bei Mode-Husky-Eignern Wolfsgraue mit stahlblauen Augen. Zu dieser Mode sei noch einmal wiederholt: Der letztjährige Weltsieger mit dem widersprüchlichen Namen »Arctic Blue's Senator« war weiß mit mittelbrauner Decke und braunen Augen. Dies ins Gedächtnis derer, die den Husky seiner blauen Augen wegen kaufen.

Unterschiedliche Augenfarben gelten unter »ungeeigneten« Haltern als ganz chic. Man verzeihe mir den Spott. Er ist ein »Beißen« gegen modebewußte Menschen, die sich diesen urwüchsigen Hund als Accessoire anschaffen. Ich fürchte, diese Popularität und die leider daraus folgende Population schadet dem Hund.

Rennt in der Formel 1: der superschnelle Alaskan Husky.

Canadian Eskimo Dog

Ein kurzes Thema: Dieser Hund wird nur vom Canadian Kennel Club als eigene Schlittenhundrasse geführt und entspricht im Äußeren weitestgehend dem Grönlandhund, wenn er auch etwas größer und mächtiger ist und darin dem Malamute gleicht. Er ist ein reines Arbeitstier, dessen Fell bis zu 15 cm dick ist. Er ist in unseren Breiten ein wahrer Exot.

Freie Profiklasse

Alaskan Husky

Die nicht auf Schönheit und FCI-Standard gezüchteten Alaskan Huskies sind die Formel 1 unter allen Schlittenhunden. Die Siberian-Freunde haben sich von den leistungsbewußten Schlittenhundlern getrennt, weil die letzteren schnelle Hunde (meist Jagdhunde) einkreuzten. Und weil die Alaskan Huskies oder Indian Dogs den reinrassigen Siberians meist davonlaufen. In der Formel 1, also bei den großen amerikanischen Rennen, haben die Siberians keine Chance.

Seitdem unterteile ich freizügig in Rasseschlittenhundler und Schlittenhundler, denen egal ist, wie der Hund ausschaut. Hauptsache, er ist superschnell und ausdauernd. »Hunderassistisch« sind freilich einige Bemerkungen von Kynologen: Sie bezeichnen die Indian Dogs oder Alaskan Huskies zwar zoologisch korrekt als Bastarde, kritisieren aber ihr Aussehen. Die Vorfahren, auf die sich die Liebhaber reinrassiger Schlittenhunde gern berufen und die anderen als Bastarde abqualifizieren, waren nämlich alles astreine Bastarde.

Ich darf in diesem Zusammenhang erwähnen, daß die meisten reinrassigen Schlittenhunde vergleichsweise neue Züchtungen sind. Reinrassig zu züchten ist immer schon menschlichen Bedürfnissen entsprungen. Sie haben zudem zu jenen Degenerationen geführt, die wir heute unter den Rassehunden beklagen. Status- und Standesdünkel steht diesen Züchtern am wenigsten an.

Den professionellen Schlittenhunde-Rennsportlern in den USA und in Europa ist dieses Gehabe um Reinrassigkeit egal: Bei den berühmten Rennen in Alaska wurden vor zig Jahren gerne Jagdhunde in die Siberian Huskies eingekreuzt. Basis war allerdings immer der Siberian, auch wenn der schon längst ein Alaskaner war. Ehre, wem Ehre gebührt: Ohne den Siberian wären die Spitzensportler gar nicht auf die Idee gekommen, die Leistung dieser schnellen Hunde noch zu steigern, egal mit welchem Hundetyp.

Alaskan Huskies sind Hunde, die nur in Schlittenhund-Rennsportlerhände gehören. Dazu wurden sie von ihren Rennfans gezüchtet. Das Problem ist: Wohin geraten diese Spezialisten, wenn sie »ausrangiert« werden, nicht mehr leistungsfähig sind?

In den USA und in Kanada ist der Tausch unter Mushern üblich, was den Hunden nichts ausmacht, weil sie in großen Rudeln aufwachsen und leben. Eine hierzulande bevorzugte Familientauglichkeit muß ihnen besonders anerzogen werden.

Bei den meisten europäischen Mushern, die nicht allzu viele Hunde halten, sind sie jedoch Familienmitglieder. Aber dieses Problem gilt für alle Halter, die sehr viele Hunde haben. Ein direkter Zugang zur Menschenfamilie wird hier wegen der Menge an Hunden erschwert.

Wie bei Leistungsmenschen so üblich, fand sich irgendein Musher (das ist der pelzbemützte Sportler, der hinter dem Schlitten herläuft und sich nur selten auf dem abstehenden Kufenstummel ausruht), dem die Siberians nicht schnell genug waren. In Wirklichkeit lockte ihn das Preisgeld. Also fing einer nach dem anderen an, noch schnellere Hunde einzukreuzen. Er darf auch Schlappohren haben, was bei reinen Rassen verboten ist. Heraus kamen eben die Formel-1-Stars der Sleddog Racing Scene.

Diese superschnellen und harten Hunde sind nur auf Leistung gezüchtet. Wird der Alaskan Husky nicht sportlich gefordert, baut er die »Wohnung« nach seinen rabiaten Vorstellungen um. Aber die Pflicht zur Beschäftigung gilt für alle Halter nordischer Hunde.

Die Renn»bastarde« sind so umgänglich wie die reinen Rassen. Resultat: Ein Alaskan Husky ist nur für Sportler empfehlenswert, die keinen Wert auf blaue Augen legen, sondern auf pure Leistung.

Ein deutscher Schlittenhundrennmensch züchtet seine eigenen Sportler, er nennt sie German Traildogs. Auch ihre Größe entspricht der des Siberian. Alles andere ist frei.

Kritische Anmerkung (gilt für jeden Tiersportler): Das Tier darf nicht zum Sportmaterial aus Prestige- oder Geldgier verkommen und beliebig austauschbar sein.

Nordische Kombinationen

Akita Inu

Auch von diesem stattlichen Hund gibt es Rühmliches zu berichten, was allein die Arbeit vor dem Schlitten angeht: Eine japanische Polarexpedition konnte in den fünfziger Jahren aus wer weiß welchen Gründen ihre Akitas nicht in ihre Heimat zurückfliegen. Die Hunde waren ihrem Schicksal überlassen, einen Winter lang. Als sich eine Suchexpedition zu ihnen aufmachte, hatten die meisten überlebt. Sie wurden berühmt, und ein Film wurde über ihr Schicksal gedreht.

Starker Multifunktionalist aus Japan: der Akita Inu.

In ihrem früheren Leben, zu Samurai-Zeiten, halfen sie ihren Herren beim Kampf. Ich bezweifle, ob sie Kampfhunde in westlich-dekadentem Sinne waren, also Hundekämpfer. Aber sie waren kämpferische Hunde. Die alte und anerkannte Rasse gilt – im Gegensatz zu allen anderen reinen Schlittenhunden – als wachsam, sehr mutig, sehr dominant und als äußerst respektable Schutzhunde. Großwild jagen mußten sie früher auch.

Das Wesen des Akita ist eine Mischung aus Schlittenhund- und Wachhund-Eigenschaften. Schlittenhundtypisch ist die Dickköpfigkeit. Ein Hund, dem nichts aufgezwungen werden darf. Er ordnet sich ungern unter, ist ein absoluter Souverän, nicht so temperamentvoll wie ein reiner Schlittenhund. Aber eben ein Hund, der wegen seiner unbändigen Kraft, seines Mutes und seiner Selbständigkeit nur in erfahrene, geduldige Hände gehört. Im Schlittenhundsport rennt er wegen seiner Größe unter ferner liefen.

Die offiziellen Daten: Größe zwischen 64 und 70 cm bei Rüden, Hündinnen sollten mindestens 58 cm hoch sein. Das Gewicht variiert von 40 bis knapp 50 kg bei Rüden, Hündinnen sind wesentlich leichter (32 bis 38 kg).

Wie bei fast allen »richtigen« Schlittenhunden sind auch beim Akita Inu sämtliche Farbschläge mitsamt Flecken zugelassen, Fell und

Ohren sind ebenso beschaffen. Er trägt ebenfalls einen Ringelschwanz.

Karelischer Bärenhund

Hunde im Norden, das geht aus den gelesenen Zeilen inzwischen hervor, sind immer multifunktionale Arbeiter. Der als Rassehund anerkannte Karjalan Karhukoira war im Grenzgebiet von Finnland zu Rußland Bärenjäger, Wachhund und Schlittenhund in einem. Spezialisten konnten die Karelier nicht gebrauchen.

Der Karelische Bärenhund ist ein Teufelskerl, wenn es um die Jagd geht. Aber er braucht kaum einen Jäger dazu. Er »ruft« ihn dann, wenn er fertig, das Wild gestellt oder fachgerecht erlegt ist. Das wäre nichts für Jäger in unseren Breitengraden.

Der Karelier ist ein ungestümer Draufgänger. Liebhaber sagen ihm selbstmörderischen Mut nach. Er benötigt daher eine sehr erfahrene Hand.

Die offiziellen Daten: Größe bei Rüden: 60 cm, Gewicht unter 30 kg. Hündinnen, wie gehabt, kleiner und leichter.

Vom Körperbau her entspricht der Karelische Bärenhund seinen Ursprungsrassen, den Laikas. Er ist noch etwas hochbeiniger als die anderen, reinen Schlittenhunderassen. Sein Fell ist hauptsächlich schwarz bei weißem Brustfleck.

Selbständiger Jäger mit Nebenjob: der Karelische Bärenhund.

KAPITEL 6

Sport: Geschichte und Spaß

Die sportlichste Art, Schlittenhundesport zu betreiben, ist die mit einer Kunststoffwanne (Pulka).

Keine Rassehundegruppe prägte die angestammte Beschäftigung so wie die Schlittenhunde. Es geht die Legende, daß dieser Sport aus einer lebensrettenden Idee hervorging (siehe Seite 70).
Inzwischen ist aber bewiesen, daß der Schlittenhundesport nicht mit einer edlen Herkunft protzen kann, sondern mit einer geldgierigen, korrekt: einer goldgierigen.

Der Run auf Gold war der Ursprung des Sled Dog Racing. Er setzte mit dem Goldrausch vor 115 Jahren in Alaska ein, als erste Funde in Sitka, Nome, Klondike, Fairbanks und Iditarod an den Lagerfeuern die Runde machten.

Das Befördern der umfangreichen Ausrüstung und Nahrung übernahmen Schlittenhunde. An den langen Winterabenden wetteten die Goldsucher, wessen Schlittenhunde wohl die schnellsten und härtesten waren.

Aus kleinen Privatrennen entwickelte sich 1908 in Nome das All Alaska Sweepstakes. Der Gesamt-

Eine der legendären Figuren aus der Frühzeit des Schlittenhunde-Rennsports: Scotty Allan mit seinen Mischlingshunden, aufgenommen 1912.

einsatz wurde nur an den Gewinner ausgezahlt. Ein in Postdiensten stehendes Gespann mit zweckmäßiger Lastenausrüstung gewann dieses erste Rennen.

SCOTTY ALLAN war jedoch ein Jahr darauf der Erste, der professionelles Rennequipment an den Start brachte. Sein Schlitten wog nur wenig über 15 kg.

Schon zum zweiten Rennen reisten internationale Teilnehmer an, so Pelztierhändler WILLIAM GOOSAK, der mit zehn Hunden aus Rußland nach Alaska zog. Sein Team kam nur auf den dritten Platz, so daß er alle Hunde verkaufen mußte, um das Geld für die Heimreise zusammenzukratzen.

Bis 1917 wurde dieses knapp 670 Kilometer lange Sweepstakes zwischen Nome und Candle und zurück ausgetragen, jedoch blieb es aus sportlichen Gründen nicht bei diesem einzigen Event. Die Fangemeinde zog weiter nach Fairbanks, wo noch heute die North America Championship Sled Dog Races ausgefahren werden.

Bei diesem Rennen sind in drei Etappen insgesamt etwas über 110 Kilometer zurückzulegen. Als drittes Langstreckenrennen in Nordamerika hat sich das Yukon Quest über tausend Meilen etabliert.

Serumtransport

Die berühmte Legende selbst datiert aus dem Jahre 1925. LEONHARD SEPPALA, damals schon ein As im Schlittenhundsport, legte bei einem Serumtransport die größte Strecke zurück. In Nome wurde vor siebzig Jahren der erste Fall von Diphterie bekannt. Der Serumvorrat reichte für die 2000 Einwohner nicht mehr aus. Mit einer Hundestaffel brachten einige Musher innerhalb von fünf Tagen Serum von Nenana nach Nome, eine Strecke von über tausend Meilen. Dafür benötigten normale Gespanne üblicherweise 25 Tage. Diese Staffel aus Hunden und Menschen erlangte damit unsterblichen Ruhm und gründete das moderne Image des Schlittenhundes.

Seit 1973 erinnert jedes Jahr das Iditarod-Rennen über 1800 Kilometer an diese Lebensretterstaffel. Das Siegerteam des ersten Rennens benötigte noch 20 Tage, das letzte Rennen erreichte MARTIN BUSER, ein in Alaska lebender Schweizer, in der Hälfte dieser Zeit. Und kassierte gut 20 000 Mark.

Durch diesen lebensrettenden Serumtransport und nach den Forschungsarbeiten der Polaristen hatten die Schlittenhunde ein neues Beschäftigungsfeld gefunden: Schlittenziehen ohne große Last und Bürde, nur so zum Sport.

Schutz der Hunde

Gleich an dieser Stelle sei für tierschützerische Einwände betont, daß diese Musher so viele hervorragend konditionierte Hunde ins Rennen schicken können, wie sie es für richtig halten. Hunde, die schlappmachen oder sich verletzt haben, werden in einen warmen Sack auf den Schlitten gepackt und dürfen »schwarz« mitfahren. Die Profis wissen zu gut, daß nur durchtrainierte und gesunde Hunde Rennen gewinnen können, entsprechend werden sie behandelt und versorgt, weil sie das lebende Kapital der Musher sind.

Dennoch ist der Formel 1 die gleiche tierschützerische Vorsorge zuzusprechen wie den »langsameren« Rennen mit reinrassigen Schlittenhunden, solange nichts Gegenteiliges bewiesen ist. Menschlicher Sport-Neid sollte hier keine Rolle spielen.

Meine Bedenken gegen Leistungssport mit Tieren habe ich bereits geäußert. Die Gefahr ist groß, daß bei großem Geldeinsatz der menschliche Ehrgeiz mit dem Schlitten durchgeht.

Obwohl Tierärzte an den Rennstrecken sind, um untaugliche Tiere herauszunehmen oder bei Verletzungen zu behandeln, fordere ich Dopingkontrollen. In seinen Clubnachrichten 4/95 denkt der DCNH darüber nach, bei seinen Meisterschaften grundsätzlich Dopingkontrollen bei den drei Erstplazierten (Hunden wie Mushern) durchzuführen. Warum sollte dieser Schutz vor unlauteren bis ungesunden Maßnahmen nur Menschen vorbehalten sein?

Diese vierbeinigen Leistungssportler, ob reinrassig oder nicht, haben mit unseren Haushunden nur die Abstammung gemein. Oder soviel wie ein Durchschnittsmensch mit einem Skilangläufer der 50-Kilometer-Distanz.

In den sechziger Jahren kam dieser Sport in die Schweiz; einige Alpinisten brachten ihn mit nach Europa. Heute finden Schlittenhundrennen vor allem im deutschsprachigen Raum, in Skandinavien, in Italien und Frankreich statt, zunehmend auch in osteuropäischen Ländern.

Beringia

Berüchtigt-berühmt ist neben den nordamerikanischen inzwischen auch das wohl härteste Rennen auf der Halbinsel Kamtschatka (Ostsibirien). Die Beringia 94 erstreckte sich nicht nur über die Rekordlänge von 2048 Kilometern (davon 300 Kilometer Wertungsetappen), sondern auch über zwei Pässe von gut 1200 Höhenmeter. Nach einem qualifizierenden

Die Kufen des Rennschlittens werden präpariert.

Vorlauf am Start-Ziel-Ort Petropavlovsk starteten im letzten Jahr zwölf Gespanne, bis auf zwei Teilnehmer aus Deutschland lauter Russen. Die Russen auf ihren altertümlichen Frachtschlitten spannten bis auf eine Ausnahme kamtschatkische Zughunde ein. »Waldschrat« THOMAS GUT aus Bayern startete mit acht Alaskan Huskies, der Brandenburger KARL HABERMANN mit fünf Siberian und zwei Alaskan Huskies. Sieben Tagesetappen waren zu absolvieren, bei minus 20 °C.

Wie hatte sich GUT vorbereitet? Solche Bedingungen kannten auch er und seine Hunde nicht. »Mit Wagentraining in den Bergen. Ich wußte trotzdem nicht, was da auf uns zukommt. Aber meine Hunde waren am Ziel in absolut frischem Zustand. Lachsköpfe und Walroßspeck bekamen ihnen offensichtlich gut.«

Da war der steile Anstieg auf die Paßhöhe von 1300 Metern, wo selbst die Motorschlitten mit den Zielrichtern nicht hochkamen, sie mußten per Hubschrauber auf den Gipfel getragen werden. HABERMANN ging das Rennen mit seinen Siberians zu schnell an und zahlte Lehrgeld. Seine erste Amtshandlung im Ziel wie bei allen anderen Mushern: Pfotenkontrolle und Versorgung der Hunde. Dann erst gönnte er sich einen heißen Schluck.

ALEKSANDER PETROW fuhr mit Alaskan Huskies aus dem wohl berühmtesten Profizwinger der Welt von SUSAN BUTCHER und führte nach der zweiten Etappe 25 Minuten vor dem Bayern. Dem dritten Tag, einer

Erholungs-Sprintetappe von 40 Kilometern, folgte die schwerste Prüfung: der Aufstieg auf den 1260 Meter hohen Avatschka. Wieder mußten die Motorschlitten passen und hochgehievt werden.

THOMAS GUT gewann drei der sieben Etappen, konnte PETROW aber am letzten Tag bei der Abfahrt zur Küste keine Zeit mehr abnehmen: »Schon nach der zweiten Etappe war ich mehr kaputt als die Hunde.«

Wie müssen sich europäische Teilnehmer auf diesen Härtegrad vorbereiten, wenn sie mitmachen wollen? »Voraussetzung für die Beringia ist eine Mischung aus Bergtraining und Geschwindigkeit.«

GUT und seine guten Hunde wurden ehrenvoller Zweiter, dann folgten die zwei Gespanne des Ehepaars PANJUCHIN. Der brandenburgische Zug lief als respektabler Fünfter ins Ziel ein, das alle Teilnehmer erreichten. Das spricht für die Sorgfalt der Musher. Aufs Siegerpodest nahmen die ersten Drei ihre Leithunde mit.

Europäische Rennen

Das europäische Pendant heißt Alpirod, das über 700 Kilometer in den vier Alpenländern führt und nicht viel weniger anstrengend ist als die zuvor beschriebenen. Ein weiteres europäisches Langstreckenrennen ist die Transitalia. Es werden ferner Welt-, Europa-, Schweizer und Deutsche Meisterschaften ausgetragen (siehe auch die Reportage) – und nicht wenige von Frauen gewonnen.

Die erste Internationale Deutsche Meisterschaft mit reinrassigen Hunden wurde 1975 in Todtmoos im Schwarzwald ausgetragen: Schon zwei Jahre später waren über 80 Teilnehmer vor mehr als 10 000 begeisterten Zuschauern am Start. 1994 waren es viermal soviel.

Leider konnte mit der ständig steigenden Zahl an Fans eine Unsitte nicht ausgerottet werden: Viele Zuschauer glauben, ihre Hunde zuschauen lassen zu müssen und bedenken nicht, daß ein angespanntes Rudel ein ganz anderes, wölfisches Verhalten gegenüber Artgenossen zeigt, die bei ihrem Sport nicht teilnehmen dürfen. Ich habe bei diesen ersten Rennen in Todtmoos selbst beobachtet, wie ein Husky-Gespann mit acht Hunden vom rechten Weg »entgleiste« und ein Dackel, der durch die Maschendraht-Absperrung durchschnupperte, von den Huskies quasi im Vorbeifahren raubtierartig zerlegt wurde.

Ich folge den Veranstaltern gern mit der seit 20 Jahren wiederholten Bitte, die eigenen Hunde vor Ort in gebührender Distanz zu halten. Außerdem ist es unsportlich, Begleithunde zum Schlittenhundrennen an die Absperrung zu bringen, da die vierbeinigen Wettkämpfer abgelenkt werden.

Rennformeln

Bis in die achtziger Jahre hinein wurden in Mitteleuropa nur reinrassige Schlittenhunde eingesetzt. Der Sport hatte sich schließlich aus den Rassezuchtvereinen entwickelt. In Alaska jedoch beherrschte der gleichnamige Husky die Rennen, eben ein speziell für Rennen gezüchteter Hund. Diese Rennhunde haben keine »Papiere«, deshalb durften sie in Europa nicht an offiziellen Meisterschaften teilnehmen. Erst 1986 öffneten die in der European Sled Dog Racing Association (ESDRA) zusammengeschlossenen Vereine die Veranstaltungen auch für nicht registrierte Hunde.

Die Musher der vier reinrassigen Hunderassen fühlten sich durch die schnelleren Alaskans benachteiligt und gründeten eigene Rennverbände, an deren Rennen nur die vier anerkannten Rassen teilnehmen. So existieren neben der freien Rennformel auch Welt-, Europa- und nationale Meisterschaften, an denen nur reinrassige Hunde starten dürfen.

Im Deutschen Schlittenhund Sport Verband finden jedoch auch reinrassige Hunde Zugang, die sich bei offenen Rennen mit der Formel 1 messen oder einen eigenen Siberian-Husky-Pokal ausfahren. Außerdem richtet der DSSV bei all seinen Rennen eine zusätzliche Wertung innerhalb der Reinrassigen aus. Die Weltmeisterschaften finden alle zwei Jahre im Wechsel in Nordamerika und Europa statt. Die Europameisterschaften werden jedes Jahr an ein anderes Land vergeben. Termine für die Saison 96 standen bei Drucklegung noch nicht fest. Termine sind beim DCNH oder DSSV zu erfragen.

Rennordnungen

Der Deutsche Club für Nordische Hunde schreibt Regeln auf der Strecke und das Mindest- wie Maximalalter für die Hunde vor. »S« steht für Skandinavier und Pulka und wird wegen der Leistungsunterschiede der Langläufer in Geschlechtern getrennt. Die Gespanne laufen in der Drei- oder Vier-Hunde-Klasse, in der Fünf- bis Sieben-Hunde-Klasse und in der Offenen Klasse, wo acht und mehr Hunde vorgespannt werden dürfen. In jeder Klasse gibt es noch die Unterteilung in die Siberian Huskies und in die anderen Schlittenhunderassen (siehe auch Fachjargon-Lexikon, S. 93).

Die meisten Starter bei der freien Formel des DSSV treten in der Vier-Hunde-Klasse an mit eben maximal vier Hunden. Es dürfen – wie auch bei den Veranstaltungen der Reinrassigen – weniger Hunde sein, wenn sie sich als schneller erweisen. Das Gespann ist immer nur so schnell wie sein langsamster Hund! Dünner wird das Teilnehmerfeld in der Klasse bis zu sieben beziehungsweise über acht Hunden. (Bei den großen nordamerikanischen Rennen starten Gespanne mit bis zu 22 Hunden.)

Bei wichtigen Rennen sind bis zu 150 Gespanne mit 1500 Hunden gemeldet; Männer und Frauen starten in denselben Klassen.

Eine sehr skandinavische Klasse gibt es auch: In dieser Pulka-Klasse ziehen ein bis vier Hunde eine Kunststoffwanne; der über ein Seil verbundene Musher folgt den Hunden auf Langlaufskiern, so gut er kann. Diese Sportart empfehle ich allen Schlittenhundfreunden, denn sie kann mit Kindern und mit Einzelhund betrieben werden, und mensch kann so mit Hund wandern, ohne gleich tierisch Sport treiben zu müssen.

Alle Rennen sind Regeln unterworfen. Bei den Reinrassigen unterteilt der alleinveranstaltende Deutsche Club für Nordische Hunde (DCNH) in zwei Läufe, nach Rassen und Gespanngrößen. Die Gesamtzeit entscheidet über die Plazierung.

Früher lagen die Streckenlängen noch zwischen 10 und 20 Kilometern. Dem Trend zu längeren Distanzen ist auch der DCNH gefolgt, weil er die Leistungsfähigkeit der Hunde fördert.

Neben den bei den Freien schon genannten Klassen führt auch der DCNH die Skandinavier in seinen Reihen. Diese vielleicht sportlichste Klasse fordert vom Sportler, der auf Skiern über maximal 15 Kilometer Anschluß an seine Tiere sucht, die Kondition eines normalen Langläufers und die geschickte Lenkarbeit und Motivation eines normalen Mushers.

Je nach Größe des Gespanns (ein bis vier Hunde) und nach Geschlecht wird die Pulka-Wanne mit gestaffeltem Gewicht beladen.

Der Tierarzt hat bei jedem Rennen immer die letzte Entscheidung.

Verletzte oder erschöpfte Tiere werden vom Musher sofort auf den Schlitten geladen und im Eiltempo ins Ziel verfrachtet.

Kein Musher darf an den verschiedenen Wettkampftagen Renn-Tiere auswechseln. Er darf sie zum nächsten Lauf nicht ersetzen, muß also notfalls mit weniger Hunden starten. Zur optischen Kontrolle dieser einmaligen Team-Zusammensetzung werden die Hunde mit Farbe markiert.

Die Pulka-Klasse, sehr gut geeignet für Einzelhunde, sieht schon recht touristisch aus, so daß sich geruhsamere Schlittenhundfreunde eine Tour durch die Winterwälder vorstellen können. Statt des sportlichen Zusatzgewichts nehmen sie dann Proviant für Hund und Mensch mit.

Dieser Tourensport findet immer mehr Anhänger. Die Vereine und einige Veranstalter bieten organisierte Touren und Anfängerkurse an. So finden sich auch immer weniger Ausreden, mit diesen vierbeinigen Trainingspartnern hinterm warmen Ofen hockenzubleiben.

Ausrüstung

Den oder die ersten Ausrüstungs»gegenstände« haben Sie vielleicht schon, zumindest im Auge: den Hund, die Hunde. Für die Ausbildung bis zum Long-Distance-Crack oder für die gemütliche Tour im Sommer wie im Winter reicht das nicht. Neben der Kindergarten-Ausrüstung brauchen Sie qualitativ solides Equipment. Anfänger fragen erfahrene Musher. Hier ist nur eine Liste von möglichem Equipment abgedruckt, das Ihre Garage zweckentfremdet:

Sprintschlitten (ca. 1000 bis 1700 Mark), Distanz-Rennschlitten (ca. 1000 bis 2300 Mark), Touren-Lastenschlitten (Toboggan, ca. 1500 bis 2000 Mark), Touren- und Renn-Pulka (ca. 480 bis 2000 Mark), Kinderpulka (ca. 650 Mark), Pulkabremse (430 bis

Brustgeschirr mit eingebautem Verletzungsschutz.

490 Mark), Stahlseil-Zugleinen (für 2 bis 10 Hunde für 70 bis 380 Mark), Zugstangen (je nach Gespanngröße 100 bis 350 Mark).

Kleinteile: Ankertaschen, Schneeanker, Panikanker, Ruckdämpfer, Stake-out-Nägel, Halsbänder, Leinen, Notschäkel, Karabinerhaken, Panikhaken, Spannratsche, Krampen, Transportsack, Wechselbeläge, Verzurr-System.

Für den Musher: Snow-Boots, Thermo-Unterwäsche, wasserabstoßende Thermooberbekleidung, Thermomatte.

Bei Longtrails: Schlafsack, Zelt, Kocher.

Für den Sommer-Betrieb: Führungsleinen für das Training mit dem Fahrrad, Rollwagen (ca. 2000 Mark).

Die Preise sind Anhaltspunkte und variieren durch Materialqualität, Einsatzmöglichkeit und Aufgabe und bei verschiedenen Herstellern und Anbietern.

Transport der Hunde

Sie müssen Ihren Hund oder gleich mehrere transportieren. Schlittenhunde mögen ihre belüfteten Transportkisten, auch wenn sich das zunächst tierquälerisch anhört. Falsch informierte Tierschützer werden von den Hunden eines besseren belehrt. Sie betrachten diese speziellen Kisten als eigene Höhle. Nach Pinkelpausen und nach dem Rennen springen sie sogar von allein in die persönliche Box.

Im Gegensatz zu anderen Hunden bewegen sich Schlittenhunde mehr als genug, so daß sie die Transport- oder Ruhepause im trockenen Stroh oder Heu als zeitweiliges Zuhause empfinden.

Junge Hunde sollten langsam an ihre Höhle im Auto oder im Anhänger gewöhnt werden. Kurze Aufenthalte am Anfang, am besten in Begleitung eines buchstäblich erfahrenen Tieres, sorgen für Vertrauen in ihr rolling home.

Wenn Sie sich dem Outdoor-Sport mit Hunden verschrieben haben, und das zu jeder Witterung, gibt es für Sie kein schlechtes Wetter mehr, nur die falsche Ausrüstung. Und wenn Sie hier schon mit einigen Fachbegriffen konfrontiert werden, verweise ich auf das Kapitel »Fachlexikon« S. 93.

Eine Liste von Zubehör-Versendern und Spezial-Geschäften (die keinen Anspruch auf Vollständigkeit erhebt) finden Sie im Anhang unter den Adressen.

Ein »Standbild«. Da zerrt nichts. Dieser Akita Inu kann an lockerer Leine ruhig stehenbleiben.

Grundschule

Gleich zu Anfang, um Ihre Ungeduld und Ihren Ehrgeiz zu bremsen: Die effektiven Fähigkeiten eines jungen Schlittenhundes zeigen sich erst im Alter von zwölf Monaten.

Schlittenhunde muß man nicht zum Laufen zwingen. Der Wunsch nach Ziehen gehört in ihr Berufsbild. Peitsche, Zaumzeug wie bei Pferden oder sonstige Hilfsmittel sind im Rennen weder nötig noch zulässig.

Der Hund braucht nach dem Welpenalter, nach dem Zahnwechsel mit fünf Monaten, eine ständige Gymnastik, also längere Spaziergänge.

Sie prägten ihn schon im Welpenalter auf Name und Gehorsam. Die Kindergarten-Kommandos wären also beigebracht. Wenn Sie schon beim Kauf des Welpen an den Schlittenhundsport denken, bringen Sie ihm gleich die Kommandos im Fachjargon bei.

Das setzt voraus, daß Sie ihn vorher nicht wie einen Diensthund an die Leine legten. Sie müssen sich schon am ersten Tag im klaren darüber sein: Soll er mal an Schlittenhundrennen teilnehmen oder soll er nur Begleithund sein? Beim ersteren haben Sie ihm zwar das Herkommen, aber nicht das streng an der Leine Laufen beigebracht. Sie haben ihn vor allem schon im Welpenalter angelernt, auf Befehl anzuziehen: »Go!«

Frühestens mit sechs Monaten sollte er sich langsam an das Geschirr gewöhnen. Das Überstreifen sollten Sie mit Geschick, nie mit Gewalt versuchen. Suchen Sie vorher einen erfahrenen Musher auf: Er zeigt es ihnen. Sie verderben Ihren Junghund

Erste Klasse der Sportschule: Der Hund muß lernen, am Geschirr vorauszuziehen, ohne anzuhalten.

am wenigsten, wenn sie an einem »coolen Oldie« üben.

In der hündischen Pubertät, ab neun Monaten, kann er schon das Geräusch und die Last eines leichten Rollwagens kennenlernen. Das heißt nicht, daß er jetzt schon rennmäßig ziehen muß. Er soll lernen, daß Geschirr-Anziehen heißt: Gleich darf ich loslegen!

Das Laufen und Ziehen muß eins werden. Sie nehmen nun den Hund an die lange Leine, die am Halsband befestigt ist, und laufen nach einem ertönten Startkommando (am besten gleich in der Fachsprache: »Go!«) mit ihm einige Meter los, so schnell sie können. Das nennt man Starttraining. Merken Sie sich gut: Sie sollen Ihren Hund nie überholen! Schlittenhunde laufen *vor* dem Schlitten. Und zwar ohne menschlichen Begleiter an der Seite.

Nach gut 200 Metern rufen Sie ein Kommando für »Halt!«, im Jargon »Whoa!«. Die Kommandos sollen hörbar unterschiedlich klingen (siehe auch Fachlexikon), damit sie niemand im Team verwechselt. Das wäre fatal. Dieses Halte-Kommando heißt auch für Sie: stehenbleiben.

Dann ziehen Sie Ihrem Hund das Geschirr wieder aus und loben ihn ganz fest. Ende der ersten Stunde im Unterrichtsfach Sport. Diese ersten Methoden gelten auch für die künftigen Skandinavier. Eine Pulka zu ziehen ist für den Einzelhund wie für mitfahrende Kinder ein Heidenspaß und ein gutes Training.

Er soll sich nur langsam daran gewöhnen, daß er etwas zunächst Störendes ziehen soll. Das Geräusch hinter ihm wird ihn anfangs irritieren. Loben Sie ihn, wenn er dabei ruhig bleibt. Ihr Ziel ist: Er soll das Ziehen mit leichtester Last als angenehm lernen. Lob wie Geduld und damit Zeit sind Ihre ständigen Ratgeber und Erfolgsgarantien.

Lassen Sie ihn zu Anfang nicht gleich eine Stunde mit dem Karren dahinziehen, sonst verliert er gleich die Lust. Zuerst darf er das Gerät beschnuppern, er soll sich damit anfreunden. Der erste Kontakt mit dem Ding dahinten sollte nicht länger als ein paar Minuten dauern, eben genau so lange, wie er Spaß hat am Ziehen. Das können Sie an seiner senkrechten Ohrenhaltung ablesen. Dann steigern Sie die Dauer des Ziehens – immer gerade so lange, wie er Lust verspürt.

Nach jedem lustvollen Ziehen loben Sie ihn ausführlich und belohnen ihn mit Leckereien. Ihre Kontinuität und Aufmerksamkeit ist gefordert. Fluchen oder gar Strafen ist ein Rückfall. Sie müssen ihn mit angenehmer Stimme bei Laune halten, also motivieren, und unter Spaß ausdauernd bewegen. Inzwischen haben Sie die Leine nicht mehr am Halsband, sondern an der Zugleine befestigt.

Die Strecken werden länger. Sie müssen mit Ihrem(n) Hund(en) Schritt halten. Daß sich dabei auch Ihre Kondition verbessert, verdanken Sie dem Trainingspartner. Übrigens sollte der Hund immer von ein und derselben Person trainiert werden, wenn es geht, ohne Zuschauer. Die lenken nur ab.

Im Alter von über einem Jahr, wenn der Knochenbau entwickelt ist, kommt die Zugarbeit dran. Dazu müssen Sie sich erst Trainingsmaterial bereitstellen: Eine Zugleine mit Ruckdämpfer von 1,50 Meter Länge und einen kleinen Autoreifen, ohne Felge natürlich. Sie binden die Zugleine an das Gewicht.

An der abgelegenen Trainingsstrecke, meist eine Wiese, wird der Hund angeschirrt und für einen Simultan-Start ausgerichtet. Diesen Ritus soll er sich einprägen. Je disziplinierter Sie ihn dazu anhalten, desto reibungsloser verläuft der Start. Am Geschirr hängt jetzt das Gewicht, die Leine hängt nur für diesen Schritt am Halsband. Verlieren Sie nicht die Geduld, wenn er beim ersten Mal mosert.

Das Gewicht sollte ihn nicht abwürgen. Er soll es mit einem Ruck locker ziehen können. So machen Sie ihm die künftige Zugarbeit schmackhaft. Wenn das Gewicht zu schwer ist, dreht Ihr Hund zu Recht durch. Sie haben ihm das Zug-Training für die nächste Zeit gründlich vermasselt. Das einzige, was Sie nach diesem Kapitalfehler machen können, ist, ihn zu beruhigen und wieder von vorn zu beginnen. Haben Sie ihm

Zweite Stufe: Der Hund zieht »unter Last«. Zuerst geht der Lehrer noch beim Hund, später lenkt er ihn von hinten.

rung speichert er unter »angenehm« ab.

Ein weiteres Grundelement der Teamarbeit ist die optimale Kräftenutzung innerhalb des Gespanns; welcher Hund gut antritt, welcher »mitdenkt«, welcher speziell lange galoppiert. Danach teilt der Musher die verschiedenen Talente im Gespannaufbau ein: die Klügsten und Folgsamsten, die Motiviertesten an die Spitze. Die Talente, die einmal diese »Pole Position« übernehmen können, dahinter. Die Neulinge hinter denen und vor den Altgedienten, den Kräftigsten, die unmittelbar vor dem Schlitten laufen.

Daß vor dem eigentlichen Gespanntraining das korrekte Geschirr für jeden einzelnen Hund ausprobiert wurde, ist selbstverständlich.

Sie bauen ihm Ausdauer und Kondition auf. Das ist der Grundstock für die spätere Härte als Sporthund. Und Härte ist hier nichts anderes als physische Kondition. Der Hund muß leicht und weit laufen.

Natürlich trainieren Sie im Sommer nicht zur Mittagszeit, sondern in den kühleren Morgen- oder Abendstunden. In den warmen Jahreszeiten wird die Trainingsstrecke erheblich verkürzt. Ausfallen darf das Training nicht, denn dann verkümmern die Talente und die Konditionsreserven.

Die Floskel »Ich habe keine Zeit (für den Hund)« ist ein eklatanter Verstoß gegen das Hundehalter-Grundgesetz. Bei Schlittenhundlern (wie bei normalen Hundebesitzern) muß gelten: Ich nehme mir Zeit. Das ist das erste Gebot der (Schlitten-)Hunde-Menschenbibel.

Disziplin ist in einem Team ebenso wichtig. Reißen erstmal einige Unarten ein, haben Sie Ihre Aufga-

Trockenkurs: Die Trainingseinheiten für das Team beginnen im Frühjahr und enden im Herbst.

aber das richtige Gewicht angehängt, und er bemüht sich ein paar Meter, dann loben Sie ihn mit sanftester Stimme so sehr, daß Sie glauben, Sie wären in einem Schnulzenfilm. Wie soll er da vorn sonst wissen, daß er etwas toll gemacht hat?

Treiben Sie den Anfangserfolg nicht zu weit. Drei bis vier erfolgreiche Antritte reichen, er soll ja nicht die Lust verlieren. Lassen Sie ihn das Zeug dahinten danach ruhig beschnüffeln. Bei Erfolg darf er weitere Strecken unter motivierenden Zurufen ziehen. Sie hören auf, wenn es geklappt hat. Diese Konditionie-

ben zu wiederholen. Disziplin meint auch aggressionsfreies Zusammenarbeiten von Tieren, die sich sonst lieber aus dem Weg gehen. Wenn Sie nicht als Rudelführer anerkannt werden, versucht zumindest der Leithund, diesen Rang einzunehmen.

Welchen Einfluß ein Leithund – der Vizechef des Gespanns – auf die anderen Mitzieher im Gespann hat, schildert GEORGE ATTLA auf sarkastische Weise:

»Würde ich meinem Leithund nach dem Rennen eine Zigarette geben, bekäme ich eine Woche später mindestens zehn Zigaretten zu sehen, die aus den Schnauzen anderer Hunde heraushingen.« Dazu muß man wissen: Raucher ATTLA ist der erfolgreichste Musher aller Zeiten.

Wie der Kanadier TERRY STREEPER, einer der erfolgreichsten Musher der Welt, mit seinen Hunden umgeht, ist lehrbuchhaft und nachahmenswert. Andere Musher müssen ihre Hunde anbinden, um Weglaufen oder Raufereien zu unterbinden. STREEPER läßt seine bis zu 20 Hunde frei herumlaufen. Sie sind alle auf ihn geprägt, er ist absolut regierendes Leittier für sie. Ein Hör- oder Sichtzeichen, und der angesprochene Hund springt in seine Box. Eine Demonstration von höchsten Graden gegen die von mir schon angesprochene Ausrede vieler Besitzer, Schlittenhunde würden typbedingt nicht folgen oder schlecht erziehbar sein.

STREEPER beschäftigt sich als Fulltime-Musher mit seinen zeitweilig 150 Hunden. Der Berufs-Musher aus Kanada rät übrigens Nichtsportlern vom Kauf eines Formel-1-Hundes ab. Diesem Rat kann ich mich nur anschließen.

Musher-Schule

Nun, wie läuft's? Wollen Sie noch Schlittenhund-Sportler werden? Ein Musher-Diplom können Sie zwischen Ende November und April bei der Schlittenhundeschule mit dem urigen Namen Waldschrat's Adventure Company, Flanitzmühle 9, 94258 Frauenau, Telefon 0 99 26-73, Fax 82 04 ablegen. Dort lernt mensch in einem einwöchigen Kurs den Umgang mit Husky-Gespannen, die Schlittenfahrtechnik. Bereits am zweiten Tag führt mensch sein eigenes (gestelltes) Drei-Hunde-Gespann.

Der angehende Musher lernt auch den Umgang mit seinen Hunden, die Pflege, Versorgung, Handhabung von Leinen, Geschirr, Fütterung, das Erkennen von Krankheiten und die Herstellung von Zugleinen.

Training

Das ist die Schule des Mushers, durch die er erst gehen muß, bevor er sich den Hunden zuwendet. Er muß sich zwei Grundsätze ins Stammbuch schreiben:

1. Du sollst hundert Prozent der Schlittenhunde-Zeit Augen und Ohren offen-, neunzig Prozent dieser Zeit den Mund halten.
2. Lerne wo und wann immer du kannst von deinen und anderen Hunden und von erfahrenen Mushern.

Die erste Stufe des Lehrgangs für

Vierbeinertraining mit Zweirad.

den Hund kennt ein Ziel: Er muß lernen, am Geschirr ziehend – ohne anzuhalten – vorauszulaufen. Zweite Stufe: Der Hund zieht eine Last. Zu Anfang geht der Musher noch auf derselben Höhe mit dem Hund. Danach soll er den Hund nur noch von hinten lenken. Eine gute Übung für den Herbst.

Dritte Stufe: Nach diesem Grundtraining mag der Hund es schon, vor den Schlitten gespannt zu werden. Am besten eignet sich für die ersten Schlittenstunden ein Pulka. Vor allem, wenn ein Hund ausgebildet werden soll.

Sommerzeit ist für Hunde und Musher noch lange keine Winterpause. Der Rollwagen wird als Trainingsgerät, als Ersatz für den Schlitten, hervorgeholt. Man hat dazu schon entblätterte Kleinstautos aus den 50er Jahren als Rollwagen zweckentfremdet.

Wenn Sie eine Trainingsstrecke ausfindig machen wollen, fahren Sie den Trail erst ohne Hund mit dem Fahrrad ab, um grobe Steine, Glassplitter oder sonstigen Unrat aus dem Weg zu räumen. Naturboden ist ideal, freilich ohne Mauselöcher oder sonstige Bänderriß-Verursacher. Ungesalzene Schneedecken sind natürlich ein Wintertraum.

Zu den anderen Jahreszeiten sind Waldpfade geeignet, die von möglichst wenig Spaziergängern mit ihren Hunden oder gar Reitern frequentiert werden.

Was machen Sie aber, wenn Ihr Hund machen muß? Sie haben einen Fehler gemacht: Sie hätten ihn sich vorher gründlich entleeren lassen müssen. Außerdem sollte er nicht mit vollem Magen laufen. Das Schnüffeln und Markieren untersagen Sie ihm strikt, denn »Zeitunglesen« oder Revieransprüche haben mit einem Lauftraining nichts zu tun. Oder haben Sie schon mal einen Leichtathleten während seiner Abendrunden eine Tageszeitung lesen sehen? Hier sind Verbots-Hörzeichen strikt anzuwenden. Je konsequenter Sie ihm das unnötige Trödeln austreiben, je länger der Laufrhythmus anhält, um so schneller kommen Sie zum Ziel.

Die Hunde sind leidenschaftliche Langläufer. Sie überschätzen ihre Kräfte nicht. Sie müssen nur in richtige Bahnen gelenkt werden. Das ist der Job des Mushers.

Für diejenigen, die nicht die lockere Schulbank von THOMAS GUT und anderen Lehrmeistern drücken wollen, seien deren Lehrbücher empfohlen. Es sind Fachleute, wie zum Beispiel einer der besten europäischen Musher und hauptberuflicher Psychologe bzw. Psychotherapeut, der Schweizer PIERO ROSSI-MURA (siehe auch Literatur, S. 98). Oder JIM WELCH, erfolgreicher amerikanischer Musher. Oder ANNETTE und ARTHUR PHILIPP, die sich seit Jahren professionell mit reinrassigen Schlittenhunden befassen. Die Trainingsmethoden guter Musher ähneln sich.

Ich erwähne hier nur einige Disziplinen, die Grundelemente des erfolgreichen Trainings darstellen.

Die Grundgeschwindigkeit ist antrainierbar. JIM WELCH formuliert es so: »Sie ist abhängig von den angeborenen Fähigkeiten des Hundes und dem Trainingsgeschick des Fahrers. Wenn sich die Hunde eine recht gute Kondition angeeignet haben, kann man damit beginnen, der Grundgeschwindigkeit mehr Aufmerksamkeit zu schenken. Diese Basisgeschwindigkeit läßt sich aufrecht erhalten, indem man Länge und Häufigkeit der Läufe wie auch die Anzahl und Dauer der Pausen während eines Trainingslaufs einander anpaßt. Immer auf demselben Trail zu fahren, langweilt die Hunde mit der Gewöhnung. Eine neue Strecke sorgt für höhere Geschwindigkeit. Interessante Trails mit abwechslungsreichen Gelände- und Landschaftsstrukturen sorgen auch dafür, die Einstellung der Hunde länger aufrecht zu erhalten.« Generell sagt WELCH, daß kürzere Läufe und größere Teams eine größere Geschwindigkeit fördern.

Fehlerquell, neben dem Tabu einer Gewaltanwendung, ist die Über- und Unterforderung des Hundes. Ein einigermaßen schlauer Hund

Balance ist gefragt. Im Rennen ist der Musher in ständigem Kontakt mit seinem Co-Piloten an der Spitze.

Nicht nur im Schnee fühlt sich ein Siberian Husky wohl …

merkt es bald, wann zu viel von ihm verlangt wird oder er womöglich noch bestraft wird, wenn er die geforderte Leistung nicht bringt. Ein solcher Hund spart sich seine Kräfte nur für den allerletzten Moment auf, um Eindruck zu schinden und einer Strafe zu entgehen.

Mit diesem falschen Leistungsdruck wird nur ein eingeschüchtertes und kurzfristiges, scheinbar schnelles Team antrainiert. Je mehr Druck ausgeübt wird, desto mehr sperren sich die Hunde. Das sagte ein Champion-Musher. Kommt Ihnen das nicht aus dem Berufsleben bekannt vor?

Richtig ist es, die Grundgeschwindigkeit mit der anfeuernden, angenehmen Stimme des Mushers zu steigern. Das Ziel jeden Gespannlenkers muß es sein, daß die Hunde physisch locker und ohne psychische Anstrengung laufen. Dann sieht man es, daß sie gern laufen. Ansporn ist lediglich Druck in erträglicher Dosierung.

Die Schnelligkeit wird über Kraft, also gesteigerte Kondition erreicht. Grundsätzlich gilt auch hier: Der langsamste Hund steuert die Gesamtgeschwindigkeit.

Die Harmonie innerhalb der Leistungsträger ist kein Trainingsgeheimnis. Sie beruht auf Einfühlungsvermögen und Geduld des Mushers. Ungeduldige Musher sind keine Teamchefs, sie sind nur schlecht. Intervalltraining und Geländeeinlagen steigern langsam Speed und Ausdauer. Leichtathleten wird hier nichts Neues erzählt. Das ist hartes Training, noch eher für den Musher als für die Hunde.

Intervalltraining ist abhängig von der Außentemperatur. Bei Überanstrengung durch Hitzestau hört der Sport auf und beginnt die Quälerei. Übertriebener Ehrgeiz beim Musher ist angewandte Tierquälerei.

Während des Trainings beginnt schon eine weitere Übung: die der Reaktion auf die Kommandos des Mushers. Ein berühmter Musher, »Doc« Lombard, verbindet die natürliche Neigung der Hunde, etwa bei einem beginnenden Abstieg schneller zu werden, unmittelbar mit seinem Kommando »Get up!«. So verbinden sich Neigung und Verständnis wie Aufforderung zu einer automatischen Reaktion. Das gleiche gilt für alle anderen Kommandos. Die ideale Verbindung zwischen »Denkansatz« des Hundes und Hörsignal des Mushers ist perfektes Umsetzen.

Sie erinnern sich an Ihren Erfolg beim Trockenlegen des Welpen, als Sie schon seinen Gedanken, Wasser am falschen Ort zu lassen, erkannten, ihn sofort mit einem Verbotssignal unterbanden und er dann das Richtige tat?

Die perfekte Verbindung von Verboten, Geboten und konsequenten, deutlich unterscheidbaren Hörsignalen des Erziehers ist ein hartes Trainingsprogramm für den Ausbilder. Mit zornigem Geschrei, von der Gewalt zum falschen, weil zu späten Zeitpunkt ganz zu schweigen, zerstören Sie das bereits Erreichte. Sie fangen dann von vorn mit der Erziehung an. Das ist auch ein wichtiger Teil des Musher-Trainingsprogramms. Wenn nicht gar der Wichtigste.

Manche Musher schmatzen ihre Hunde an, wie Kußgeräusche hört sich das an. Und die Hunde tun das, was er ihnen mit diesem Hörsignal assoziierte. Da verschmelzen Laute mit Umsetzung. Es ist letztlich egal, was sie verlauten lassen. Die Hunde verbinden damit immer nur das, was Sie Ihnen beigebracht haben, nach diesem Geräusch zu tun. Das ist das Ideal jeder angenehmen und damit erfolgreichen Hundeerziehung.

Alles für das Hundeverständnis Grobe, Unmotivierte wird für sie zum Zwang, geschieht nur auf Druck und damit aus Zufall. Hunde reagieren in dieser Hinsicht wie Computer: Ein falscher Befehl, und die Software stürzt ab.

Beobachten Sie mal auf einem Rennen mit großer Beteiligung, welcher Musher seine Hunde wie im Griff hat, und Sie verstehen die Unterschiede zwischen erfolgreich und – na ja.

... sondern erst recht auf solch einem gemütlichen Sessel.

KAPITEL

7

Reportage: Formel-1-Endlauf in Todtmoos

Die Hunde schauen den »Möbelpackern« bei der Arbeit zu.

Michael Schumacher und Co. sind nicht am Start und auch keine Rennwagen mit über 700 PS. Aber knapp 180 Schlittenhunde-Rennsportler mit rund 1000 Hundestärken. Es riecht deshalb auch nicht nach Benzin und verbranntem Gummi, sondern nach Hund und Mensch.

Fast die ganze Musher-Elite der Formel 1 aus den Ländern Deutschland, Österreich und Schweiz ist bei der größten Rennserie »Pedigree Pal Cup« vertreten – bis auf wenige Langstreckengespanne, die in dieser Zeit am wochenlangen Alpirod teilnehmen. Die auf reine Schlittenrennen hingezüchteten Hunde, die zwar den beliebten, schönen Siberian Huskies ähnlich sehen, aber keine sind, gelten als die schnellsten Schlittenhunde.

Das »Fahrerlager« ähnelt in vieler Hinsicht den Autorennen: Da arbeiten Helfer an dem Schlitten, betreuen ihre »vierbeinigen Triebwerke« bis zur Startaufstellung.

Schon im Stake out, also im Fahrerlager, umhegt die Boxenmannschaft die Sportler mit höchster Aufmerksamkeit und aufmunternden Worten. Zeitweilig gibt es Probestarts, die »Räder drehen durch«, die Hunde hängen bereits gut am Gas. Auch hier heulen »Motoren« auf, aber nicht auf Pedaldruck, sondern vor lauter Freude am Sport. Denn die Rennhunde wissen, was sie gleich tun. Wehe, wenn sie losgelassen! Auf die schwierige Startphase bereiten Musher und Helfer die startgierigen Hunde mit beruhigenden Worten vor. Gutes Training und große Disziplin zahlt sich schon am Start aus. Beim Schlittenhunderennen startet jeder Teilnehmer einzeln. Hunde sind eben doch keine Maschinen.

Dann heißt es: Helfer raus! Drei Minuten bis zum Start.

Es wird spannend – er bleibt cool: Das Renndreß (Brustgeschirr) wird angelegt.

Und ab geht's! Die Befehle sind unterschiedlich, meistens ruft der Musher von hinten »Go!«. Der Schnee stiebt auf der Piste. Die Hunde legen sich ins Brustgeschirr. Der Leithund an der Spitze ist als Co-Pilot der beste Hund des Gespanns.

Auf den ersten hundert Metern muß der Musher höllisch aufpassen, daß die geballte Hundekraft den Schlitten nicht entgleisen läßt. Ein Dreher, ein Überschlag, und die Zeit ist für die Katz. Sportkommissare passen auf wie die Luchse, daß kein Musher gegen die Rennregeln verstößt. Die Hunde bleiben unschuldig. Hundeaustausch, Abkürzungen und Verwendung verbotener Hilfsmittel werden sofort mit der »schwarzen Flagge« geahndet: Disqualifikation.

Die Hunde finden allmählich ihren Rhythmus, passen sich an die Situation und an die Streckenverhältnisse an. Der Musher arbeitet fleißig mit. Er muß mitrennen, um eine gute Zeit zu erreichen und den Hunden das Ziehen zu erleichtern.

Der Mensch ist verantwortlich für die physische und psychische Kondition seiner Sportkameraden da vorne. Er muß die Kräfte einteilen, mit auffordernden Rufen motivieren, mit ruhigen Befehlen einbremsen, wenn es eine Kurve oder einen Abhang zu überstehen gilt.

Es ist eine Einheit, ein verschworenes Team, das hier mit Energie und Freude am Laufen gehalten wird. Spannungen im Team bestraft der Zeitmesser, sonst niemand.

Zehntausend Zuschauer entlang der Piste jubeln und spornen die Sportlergemeinschaft an. An den Ohren kann man erkennen, wie es um die Laune des einzelnen Rennhundes bestellt ist: Die steil aufra-

Rechts: Wir befinden uns noch in der Boxengasse. Die Helfer halten die Hunde und beruhigen sie.

Rechte Seite oben: Geballtes Temperament und Einsatzfreu(n)de bei Profi-Musher Terry Streeper.

Rechte Seite unten: Beispielhaft: Dieses Team hat seinen Rhythmus gefunden, es galoppiert konzentriert.

Unten: Go! Die Hunde heulen am Start auf, sind mit Freude und Ehrgeiz dabei, legen sich ins Zeug.

genden oder hängenden Ohren sind die Antennen, Empfänger und Sender, die Zustände signalisieren und an den Musher weitergeben.

Sollte je ein Hund überanstrengt oder verletzt werden, schreiben die Regeln eine erholsame Schwarzfahrt in dem dafür vorgesehenen Schutzsack auf dem Schlitten vor. Wer sich damit im Zieleinlauf sehen läßt, gilt als Musher, der seine Hunde und seinen Schlitten nicht beherrscht.

Weit draußen auf der Piste wird es ruhiger. Musher und Hunde haben schon lange ihren Lauf gefunden.

Es gilt für den Musher und für den Leithund als ausführendes Organ, die Ordnung im Team, den Laufwillen, die Energie aufrechtzuerhalten oder

zu erhöhen. Der Musher zieht an, indem er dem Leithund das Kommando gibt: »Go!«. Der Hund antwortet sofort mit erhöhtem Leistungswillen, wenn der Musher seinen Kumpel gut ausgebildet hat. Manche Musher bringen es dabei zu einer fast stillen Übereinkunft. Die vereinzelten Zuschauer hören ungewöhnliche Töne wie Schmatzen, Küssen, Schnalzen. Diese Hörsignale verknüpfen die Hunde mit Kommandos.

Die Zuschauer werden keinen Kommißton finden. Rüde Umgangsformen sind in Musherkreisen verpönt, weil es die Hunde demotiviert. Das Vertrauen leidet. Nichts ist für die Schlittenhundesportler hinderlicher als ein desolates Team.

Anja Hörmann mit ihrem Leithund: 3. Platz in der 8-Hunde-Klasse in Haidmühle 1993.

Rechts oben: Die Atempause nach dem Rennen am Stake out. In der Ruhe liegt die Kraft.

Rechts: Formel-1-Profis werden nach dem Rennen mit piekfeinen Mäntelchen abgedeckt.

Disziplin ist auch beim Überholmanöver wichtig. Für alle beteiligten Hunde (und Musher), und das können in der offenen Klasse über 20 Tiere sein. Ein langsameres Gespann muß sich neben die Piste einordnen und die schnelleren Verfolger problemlos überholen lassen.

Gepinkelt wird nach Überqueren der Ziellinie. So lange wird man es auf normalen Renndistanzen aushalten.

Und herumgeschnuppert wird auch nicht. Die Konzentration gilt dem Rennen. Im Stake out können die Hunde nachher genug Passanten beobachten, die mit Hosiannah-Rufen die Athleten ehren oder glauben, sie müßten ihren vierbeinigen Zuschauer den Schlittenhunden zum Fraß vorwerfen. So mancher Schoßhund oder unbeteiligte Vierbeiner hat für die Dummheit seiner Halter bezahlen müssen.

Nur wird man keinen Schlittenhund finden, der einen Passanten, und reagiert er auch noch so unartig, anknurrt. Es ist nicht ihre Art. Wenn Menschen keine Angst vor diesen Hunden haben müssen, so ist das ein hervorragend soziales Zeugnis für diese Hundegattung. Das heißt nicht, daß sie untereinander Lämmer sind. Sie sind kernige, selbstbewußte, neugierige Typen. Hunde-Fehler werden artgerecht geahndet.

Wie sehr die Musher und Helfer ihre Hunde respektieren, zeigt sich nach dem Zieleinlauf und wenn die Hunde wieder ins Lager zurückkehren, um sofort kontrolliert zu werden. Ein Tierarzt ist immer zur Stelle. Da werden die Pfoten auf Schäden untersucht. Sie sind das wichtigste Handwerkszeug. Die Hunde dürfen ausruhen, fressen, saufen.

Hat ein Autofan schon mal gesehen, daß Piloten ihre Rennwagen umarmen? Aber die Musher bedanken sich bei jedem ihrer Hunde. Dabei entdeckt man bei Schlittenhunderennen immer mehr Musherinnen. Jedenfalls wurde Heidi Hiermeier in der Vier-Hunde-Klasse von Todtmoos Dritte vor der Anfängerin Nadja Hellhake.

Bleibt zu hoffen, daß der Leistungswille der Musher nicht in einen Materialaustausch à la Sportreiterei ausartet, wo leistungsschwächere Tiere beliebig abgeschoben werden. Wer seinen Hund liebt, der schiebt – nicht ab.

Kennel Thorarinn

»Also gut! Ich erzähl's nochmal: Ich war 20 Jahre jung, und mein Chef hatte mich gerade in die Eiswüste geschickt. Da kam so einer wie ihr und fragte mich, ob ich nicht mit ihm durch den Schnee fegen wolle … hört ihr denn überhaupt zu?«

Iditarod-Veteran DEWEY HALVARSON zum Thema Schlittenhundsport: »Ich wäre besser bei Heroin gelandet, das wäre billiger und macht nicht so abhängig.«

Schlußwort

Dieses Buch ist nicht von einem Interessenvertreter, also einem Schlittenhund-Züchter geschrieben worden. Es ist weder für Züchter noch für Funktionäre gedacht, sondern für Menschen, die sich einen Schlittenhund ins Haus holen wollen. Es ist sogar – zu deren Wohlbefinden – für Schlittenhunde geschrieben, auch wenn kein Hund lesen kann.

Ich will mit den kritischen Bemerkungen zu Anfang und zum Schluß vermeiden, daß dieser herrliche und ursprüngliche Typ in falsche Hände gerät. Und da sind versüßlichende, verkaufshelfende Worte fehl am Platz.

Nicht selten wird nach einer rührseligen, meist wirklichkeitsfremden Fernsehsendung mit der Idealbesetzung einer kalten Schnauze heißblütig am nächsten Tag der Wunsch nach *solch* einem Hund, und keinem anderen, erfüllt.

Da werden nur Illusionen verkauft. *Ihr* Schlittenhund benötigt *Ihr* Hundeverständnis. Es sind Typen, besonders im Falle des Siberian Husky, die ein enormes Beschäftigungsbedürfnis befriedigt haben wollen. Überdenken Sie also dreimal den Wunsch nach einem vitalen, eigenwilligen Schlittenhund, bevor Sie Ihr Herz verlieren.

Es ist erwiesen, daß Hundehalter gesünder leben. Etwas Besseres kann Ihnen und Ihrem Schlittenhund nicht passieren.

KAPITEL

8

Anhang

Schlittenhundesport – ein faszinierendes Hobby für Vier- und Zweibeiner.

Fachlexikon

Jede Sportart pflegt ihren Jargon. Wenn Sie bei Mushern mitreden oder sie auch nur verstehen wollen, sollten Sie sich einen (geringen) Wortschatz zulegen, welcher meist aus dem Amerikanischen stammt.

Booties: Filz- oder Wachstuchstiefelchen für die Hundepfoten, die vor aggressiven Bodenverhältnissen und vor Verletzungen schützen.

Brush-Bow: Bogen an der Schlittenfront. Er schützt die → Wheel dogs vor Verletzungen, falls der Schlitten bei Abfahrten auf die Hunde auffahren sollte.

»Come gee!« oder: **»haw!«**: 180-Grad-Wendung des Gespanns nach rechts oder links. Dieses Kommando wird von sehr guten Leithunden selbst ausgeführt.

Dog-Handler: Dieser menschliche Helfer kümmert sich neben dem Musher um die Hunde und hilft beim Start, damit die Hunde nicht voreilig davonpreschen.

Dog Pack: Satteltaschen für den Hund.

Double-Hitch: Doppelgespann, auch Gang-Hitch genannt. Das ist die paarweise Anspannung der Hunde hintereinander.

»Easy!«: Kommando für Langsam!

Fan-Hitch: Fächergespann. Jeder Hund ist mit seinem Zugseil direkt mit dem Schlitten verbunden. Diese Art der Anspannung ist bei Inuit gebräuchlich, gewährt größtmögliche Bewegungsfreiheit für die Hunde und ist bei Eisspalten sicherer.

Fish-Back: Sehr leichtes, einfaches Geschirr, das vom → X-Back die gekreuzte Brustpartie und vom → Siwash den Riegel über der Wirbelsäule des Hundes übernommen hat.

Gangline: engl. für → Zentralleine.

»Gee!«: Kommando für rechts.

Geschirre: Konstruktion aus leichtem, wasserabstoßendem Bandmaterial, die der Hund trägt, um seine Zugkraft optimal auf die Zugleine zu übertragen. Die Geschirre sind so geschneidert, daß die größte Zuglast auf Schultern und Brustkorb liegt. An diesen Stellen ist das Geschirr abgepolstert. Die Geschirre werden auf die jeweilige Hundegröße zugeschneidert.

»Go!«: Kommando für den Start oder nach einem Halt. Auch »hike« oder »allez«.

»Good Mushing!«: Das »Hals- und Beinbruch« unter Mushern.

Handle-Bar: An diesem Bogen hält sich der Musher während der Fahrt fest.

Harness: engl. für Hundegeschirr.

»Haw!«: Kommando für links. → Gee und Haw kommen aus der Sprache der Inuit und sind für Hundeohren besser zu unterscheiden als die deutschen Kommandos.

Hook: Die Bremse für den Schlitten.

Husky: Ursprünglich »esky« aus der Inuit-Sprache, bedeutet »heiser« und war ein Schimpfwort. Im Standard darf nur der Siberian Husky diese Bezeichnung führen.

Lead dogs: Der oder die Leithund(e), die an der Spitze des Gespanns laufen und verantwortlich sind für die Umsetzung der Musher-Kommandos. Dies ist der beste Hund eines Gespanns.

Musher: Gespannlenker, ausnahmsweise abgeleitet vom französischen Wort »marcher« für marschieren. Ein Musher sollte jedoch nicht marschieren, sondern mitrennen, anschieben, helfen und steuern.

Neckline: Diese Leine wird am Halsband des Hundes befestigt.

Point dogs: Die Hunde hinter dem oder den Leithund(en). Sie sind Anwärter auf die Leitung, sie lernen vom vierbeinigen Topmanager.

Pulka: Der Begriff für die mit Gewichten beschwerte Kunststoffwanne kommt aus Skandinavien und ist eine Klasse für sich. Die Wanne wird von einem bis drei (DCNH) oder einem bis vier (DSSV) Hunden gezogen, während der Musher auf Langlaufskiern den Hunden folgt und nur über ein Seil mit dem oder den Hund(en) verbunden ist. Deutscher Plural: Pulken.

Rennklassen: Die Rennordnung des DCNH schreibt folgende Einteilungen vor: S-Damen (S für Skandinavier gleich Pulka): 1–3 Hunde; S-Herren: 1–3 Hunde; L 1/1: 3- und 4-Hunde-Gespann mit Siberian

Huskies (S. H.); L 1/2: dto. ohne S. H. (für andere Schlittenhundrassen); L 2/1: 5- bis 7-Hunde-Gespann mit S. H.; L 2/2: dto. ohne S. H.; O/1: Offene Klasse für 8 oder mehr Hunde mit S. H.; O/2: dto. ohne S. H.

Die Klasseneinteilung des DSSV: Pulka: 1–4 Hunde; 4-Hunde-Klasse: 2–4 Hunde; 6-Hunde-Klasse: 4–6 Hunde: 8-Hunde-Klasse: 6–8 Hunde; Offene Klasse: mehr als 8 Hunde.

Schneeanker: Diese Metallkralle wird das Gespann am Start oder auf der Strecke auf seinem Platz halten. Der Anker krallt sich bei Zug tiefer in den Schnee.

Siwash: Bevorzugtes Geschirr für Kurz- und Langstreckenrennen. Es bietet dem Hund wegen seiner Schnittform etwas mehr Bewegungsfreiheit um die Schulter als das → X-Back. Siwash-Geschirre werden vornehmlich in den USA eingesetzt.

Im zarten Alter von fünf Wochen blickt er noch etwas unsicher in die Welt.

Stake-out: Das Lager eines Schlittenhunderennens.

»Straight ahead!«: Kommando für Geradeaus, auch »Go ahead!«.

Swing dogs: Diese Hunde laufen hinter der zweiten Ebene. Sie bestehen entweder aus relativ unerfahrenen oder nicht ganz so guten Tieren wie die Altvorderen.

Team dogs: Die übrigen Hunde im Gespann, außer den → Wheel dogs.

Toboggan: Der indianisch-englische Begriff steht für den Holzschlitten kanadischer Indianer. Der Lastenschlitten besteht aus einfachen, schmalen, vorn hochgebogenen und durch Lederriemen festgehaltenen Brettern ohne Kufen.

Trail: Die Renn- oder Tourenpiste.

Wheel dogs: Diese Hunde sind direkt vor dem Schlitten eingespannt und haben die Aufgabe, in extremen Kurven den Schlitten auf der Fahrlinie zu halten.

Transportrucksack: Dieser Sack mit Löchern zur Luftzirkulation und einer Bodenplatte dient einem verletzten oder erschöpften Hund als Transporthülle bis ins Ziel.

Tugline: Mit dieser Leine überträgt der Hund seine Zugkraft auf die Zentralleine.

X-Back: Das Universalgeschirr für Rennen, Jogging mit Hund(en) und Radfahren mit dem Hund.

»Whoa!«: Gesprochen wie »Hua«. Kommando für Anhalten.

Zentralleine: An dieser Leine wird der Hund links oder rechts eingespannt.

Zugleine: Mit dieser Leine ziehen die Hunde den Schlitten.

Adressen

Schlittenhund-Organisationen

Der Deutsche Club für Nordische Hunde e. V. (DCNH) ist die zuchtbuchführende Adresse für alle nordischen Hunderassen, die vom Verein für das Deutsche Hundewesen (VDH, Westfalendamm 174, 44141 Dortmund, Tel.: 02 31- 56 50 00, Fax: 02 31-59 24 40) und der obersten Rassehundekommission Fédération Cynologique International (FCI, 13, Place Albert I, B-65 30 Thuin, Belgien, Tel.: 00 32-71- 59 12 38, Fax: 00 32-71-59 22 29) anerkannt sind. Der DCNH führt Zuchtschau-Ausstellungen, Rennsport- und Tourensport sowie Anfänger-Veranstaltungen durch.

Geschäftsstelle des DCNH:
Ralf Linzenmeier
Stüttgesgasse 2
52152 Simmerath-Lammersdorf
Tel.: 0 24 73-71 00
Fax: 0 24 73-64 43
Dort lassen sich auch Züchternachweise abfragen.

Rassebeauftragte des DCNH:

Alaskan Malamute:
Irene Ertel-Seebacher
Natrup 33
48329 Havixbeck
Tel.: 0 25 07-36 33

Grönlandhund:
Heinrich Dröge
Röschweg 18
71686 Remseck
Tel.: 0 71 46-2 01 69

Samojede:
Wilhelm Schulte
Amselstraße 8
44359 Dortmund
Tel.: 02 31-33 51 77

Siberian Husky:
Dorle Linzenmeier
Stüttgesgasse 2
52152 Simmerath
Tel.: 0 24 73-71 00

Nordische Hütehunde:
Doris Lücke
Holthauser Straße 151
42369 Wuppertal
Tel.: 02 02-46 76 39

Nordische Jagdhunde:
Waltraud Dross
Im Oberstein 6
64331 Weiterstadt
Tel.: 0 61 50-5 22 45, ab 18 Uhr 5 29 16

Japanische Rassen:
Zur Zeit nicht besetzt; fragen Sie bei der DCNH-Geschäftsstelle

Der Deutsche Schlittenhund Sport Verband (DSSV) betreut nicht-rassereine Schlittenhunde, die nur zu seinen Veranstaltungen zugelassen sind. Außer Rennsportveranstaltungen führt der DSSV auch Anfängerkurse und Tourensport-Veranstaltungen durch.

Geschäftsstelle des DSSV:
Sabine Leue
Ludwigsfelder Straße 45
80997 München
Tel.: 0 89-8 12 69 02

Einige Ausrüsterfirmen

WinWays, M. Kahl
Texas 6
29393 Groß Oesingen
Tel.: 0 58 38–13 49
Fax: 0 58 38–13 40

Artikel für Hundesport
Dr. Barbara Friedmann
Knipprather Straße 64
40789 Monheim
Tel.: 0 21 73–5 23 22
Fax: 0 21 73–5 61 38

Zoo Westenburger
Mannheimer Straße 18
67098 Bad Dürkheim
Tel. und Fax: 0 63 22–6 41 12

Pegasos
Hochstraße 75
42105 Wuppertal
Tel.: 02 02–30 88 01
Fax: 02 02–31 28 68

Ch. Krakau
Schwartner Straße 18
42281 Wuppertal
Tel.: 02 02–51 18 95

Camp & Tramp Rainer Feltz
Pferdemarkt 9
34117 Kassel
Tel.: 05 61–78 07 70
Fax: 05 61–77 43 12

Bohemia Husky-Ganzholzschlitten-Vertrieb L. Haslbeck
Saarlandstraße 25
85630 Neukeferloh
Tel.: 0 89–46 63 62

RB-Hundesport
Zahrenholz 2
29393 Groß Oesingen
Tel.: 0 58 38–12 31
Fax: 0 58 38–6 66

Schlitten Anton Bosser
Glückaufstraße 12
92271 Freihung
Tel. und Fax: 0 96 46–13 54

P. S. Schlittenhundeausrüstungen
P. Schmitz
Am Elisabethenheim 71
42111 Wuppertal
Tel.: 02 02–72 19 32

SN-Husky-Versand
Volker Schön
und Heinz Niemitz
Obersteinstraße 1
52223 Stolberg
Tel.: 0 24 02–2 65 51
Fax: 0 24 02–52 87

LDR Hundesportartikel
Marina Salamon
Auf der Geig 9
66620 Nonnweiler
Tel. und Fax: 0 68 73–61 26

Sledwork Titus Uepach
Mertingerstraße 18
72393 Burladingen
Tel.: 0 71 26–6 93

Literatur

Schlittenhund-Literatur

ALTHAUS, DR. THOMAS: Unsere Nordischen Hunderassen in Wort und Bild. Schweizer Klub für Nordische Hunde (1979), über den DCNH zu beziehen.

CELLURA, DOMINIQUE: Schlittenhunde in Eis und Schnee, Blankenstein Verlagsgesellschaft (1990).

DCNH: Nordische Hunde. DCNH-Broschüre, Adresse siehe Organisationen.

HILDEBRANDT, OTTO: Schlittenhunde. Verlag Paul Parey (1988).

KREUTZKAMP, DIETER: Husky-Trail. Frederking und Thaler Verlag (1992).

MAAS, HORST: Eispfad in die Freiheit. Jugend und Volk Verlag (1987).

PFIRSTINGER, RICO: Huskies in Action, Kynos-Verlag (1993).

PHILIPP, ANNETTE und ARTHUR: Schlittenhunde. Haltung, Zucht, Training, Rennen. LDR.

ROSSI-TURA, PIERO: Husky-Power. Trainingslehre, LDR-Hundesportartikel (siehe Ausrüster-Adressen).

SOHRE, HELMUT: 1200 Meilen mit dem Hundeschlitten durch Alaska. W. Fischer Verlag, Göttingen (1986).

VARIGAS, FRANÇOIS: Durch die weiße Hölle. Verlag Busse und Seewald (1986).

WELCH, JIM: The Speed Mushing Manual. Deutsche Übersetzung: Wie trainiere ich Schlittenhunde. Goldrausch Verlag (1990).

Allgemeine Literatur

BECKMANN, GUDRUN und SUSANNE: Vom aufrechten Menschen zum Hundehalter, TG-Verlag Gießen (1994).

BREHM, HELGA: Hundekrankheiten. Franckh-Kosmos (1995).

FEDDERSEN-PETERSEN, DORIT: Hundepsychologie – Wesen und Sozialverhalten. Franckh-Kosmos (1986).

dto.: Fortpflanzungsverhalten beim Hund. Gustav Fischer Verlag (1994).

FLEIG, DIETER: Die Technik der Hundezucht. Kynos-Verlag (1992).

MECH und L. DAVID: Auf der Fährte der Wölfe. Frederking und Thaler Verlag (1992).

dto.: Der weiße Wolf, Frederking und Thaler Verlag.

MEYER, HELMUT: Ernährung des Hundes. Ulmer Verlag (1990).

RÄBER, HANS: Enzyklopädie der Rassehunde, Band 1, Franckh-Kosmos Verlag (1994).

dto.: Brevier neuzeitlicher Hundezucht. Verlag Paul Haupt, Bern (1978).

ROSS, JOHN und MCKINNEY, BARBARA: Hunde verstehen und richtig erziehen. Franckh-Kosmos Verlag (1994).

RAKOW, BARBARA: Der homöopathische Hundedoktor. Franckh-Kosmos Verlag (1989).

TRUMLER, EBERHARD: Hunde ernst genommen. R. Piper Verlag (1974).

ZIMEN, ERIK: Der Wolf. Meyster Verlag (1978).

dto.: Der Hund. C. Bertelsmann Verlag (1988).

Informationshefte

CN, DCNH-Clubnachrichten (siehe Organisationen)

Husky, Magazin des DSSV (siehe Organisationen)

Schlittenhund-Magazin, Goldrausch-Verlag

Register

Zum Autor

Rainer Brinks (50) lebt auf der Schwäbischen Alb. Er ist promovierter Verhaltensforscher, gelernter Journalist und freischaffender Buchautor. Er hält – mit artgerechten Unterbrechungen – seit über 20 Jahren Hunde der verschiedensten Typen.

Vor über 20 Jahren kam er zum ersten Mal mit Schlittenhunden und -haltern in Kontakt, als er in Alaska überwinterte. Er verzichtete wehen Herzens auf einen Grönländer oder Malamute, weil er damals einem Schlittenhund keine artgerechte Haltung andienen konnte. Und er verzichtet auch heute noch auf einen, weil er dessen Bedürfnissen nicht gerecht werden würde.

Er ist nicht (mehr) auf eine Rasse fixiert und nicht einseitig, also rassebezogen, vorbelastet. Insofern ist er neben seiner Neutralität ein Mahner vor entzückten Liebhabern, die sich der schönen blauen Augen wegen einen Husky wie ein Designermöbel anschaffen.